Marlene Walter

# GRUNDWORTSCHATZ
# Unsere Sprache genau betrachten

## Sprachforscherinnen und Sprachforscher an der Arbeit

Liebes Schulkind!

Nun beginnst du schon mit der vierten Klasse. Über die Besonderheiten unserer Sprache hast du in deinen ersten drei Volksschuljahren bereits recht viel gelernt. In diesem Buch wirst du am Anfang einiges wiederholen, damit du dich nach den langen Ferien wieder gut an alles erinnerst. Anschließend wirst du wieder zahlreiche Möglichkeiten zum Ausprobieren und Forschen vorfinden.

Der Teil SPRACHBETRACHTUNG ist dazu gedacht, zusätzlich zu den Arbeiten im Schulbuch Neues zu erfahren, Gelerntes anzuwenden und zu vertiefen und dabei wieder Interessantes über unsere Sprache zu entdecken. Das Inhaltsverzeichnis wird dir helfen, alle Kapitel schnell zu finden. Bei besonders anspruchsvollen Arbeiten kannst du dein Ergebnis wieder mit der Lösung auf den Lösungsseiten vergleichen.

Viel Freude beim Erforschen neuer, spannender Bereiche der deutschen Sprache!

INHALT

# Arbeit am **Namenwort** (Nomen)

Es ist beim Schreiben sehr **wichtig, Namenwörter zu erkennen.** Wenn du Texte schreibst, musst du Namenwörter **auch verändern** können. Du sollst vor allem darüber Bescheid wissen,

- was **Namenwörter** sind,
- dass es **Einzahl und Mehrzahl** gibt,
- wie viele **Fälle** ein Namenwort hat,
- woran man die **Fälle** erkennt.

Auf den nächsten Seiten findest du alles Wichtige über Namenwörter.

# Namen von Personen, Tieren, Pflanzen, Dingen sind Namenwörter (Nomen)

| Namenwörter (Nomen) sind Bezeichnungen für | | | |
|---|---|---|---|
| Menschen | Teile des Körpers | Tiere | Pflanzen |
| | | | |
| | | | |
| | | | |
| | | | |
| | | | |
| | | | |
| | | | |
| | | | |
| | | | |

*Trag passende **Nomen** in die Tabelle ein.*

# Auch Bezeichnungen für Gefühle, Zeit und andere Begriffe sind Nomen

| Namenwörter (Nomen) sind Bezeichnungen für | | | |
|---|---|---|---|
| **Gefühle** | **Zeit** | **Wetter, Witterung** | **andere Begriffe** |
| die Freude | die Sekunde | der Wind | die Idee |
| die Wut | der Monat | das Gewitter | die Prüfung |
| die Trauer | die Woche | der Donner | die Hilfe |
| | | die Hitze | die Gemeinschaft |
| | | | |
| | | | |
| | | | |
| | | | |
| | | | |

*Findest du passende **Nomen** für jede Spalte? Du kannst auch mit einem Partnerkind zusammenarbeiten.*

# Ein Nomen kann männlich, weiblich oder sächlich sein

| männlich | weiblich | sächlich |
| --- | --- | --- |
| der Großvater | die Lehrerin | das Kind |
| der Ball | die Zeichnung | das Federpennal |
| der Autobus | die Wut | das Gras |
| | | |
| | | |
| | | |
| | | |
| | | |
| | | |
| | | |

*Schreib eigene Nomen dazu. Verwende auch deine eigenen Rechtschreibwörter.*

*Nimm das Wörterbuch zu Hilfe, wenn du dir beim Artikel nicht sicher bist!*

# Ein Nomen kann männlich, weiblich oder sächlich sein

| männlich | weiblich | sächlich |
|---|---|---|
| | | |
| | | |
| | | |
| | | |
| | | |
| | | |
| | | |
| | | |
| | | |
| | | |

*Arbeite allein oder zusammen mit einem Partnerkind.*

*Nimm das Wörterbuch zu Hilfe, wenn du dir beim Artikel nicht sicher bist!*

# Ein Nomen hat vier Fälle

**Das männliche Nomen (Namenwort)** in der Einzahl:

| | |
|---|---|
| **Der Lehrer** kommt in die Klasse. | Wer kommt in die Klasse? → **der** Lehrer (1. Fall) |
| Die Stimme **des Lehrers** ist tief. | **Wessen** Stimme ist tief? → die Stimme **des** Lehrers (2. Fall) |
| Ich höre **dem Lehrer** zu. | Wem höre ich zu? → **dem** Lehrer (3. Fall) |
| Ich bitte **den Lehrer** um Hilfe. | Wen bitte ich um Hilfe? → **den** Lehrer (4. Fall) |

Schreib **männliche Nomen** in **allen vier Fällen** in die Tabellen:

| | Die vier Fälle des männlichen Nomens (Einzahl) | | | |
|---|---|---|---|---|
| 1. Fall | der Mann | der | | |
| 2. Fall | des Mannes | des | | |
| 3. Fall | dem Mann | dem | | |
| 4. Fall | den Mann | den | | |

# Ein Nomen hat vier Fälle

| | | | | |
|---|---|---|---|---|
| 1. Fall | | | | |
| 2. Fall | | | | |
| 3. Fall | | | | |
| 4. Fall | | | | |

| | | | | |
|---|---|---|---|---|
| 1. Fall | | | | |
| 2. Fall | | | | |
| 3. Fall | | | | |
| 4. Fall | | | | |

*Vergleiche dein Ergebnis mit einem Partnerkind.*

**So kannst du weiterüben:** Schreib einige männliche Nomen in dein Heft.

# *Besondere* männliche Nomen

**Bei manchen männlichen Nomen** sind die Fälle **schwierig** zu bilden:

| | Die vier Fälle *besonderer* männlicher Nomen | | | |
|---|---|---|---|---|
| 1. Fall | der Bub | der Hase | der Elefant | der Bär |
| 2. Fall | des Buben | | | |
| 3. Fall | dem Buben | | | |
| 4. Fall | den Buben | | | |

*Arbeite nach dem Muster der ersten Spalte.*

(Lösung Seite 68)

Arbeite mit einigen der folgenden Nomen weiter (hier und auf der nächsten Seite): *Mensch, Polizist, Löwe, Affe, Prinz, Hirte, Junge, Leopard, Bauer, Nachbar, Komet, Gepard, Student, …*

| | | | | |
|---|---|---|---|---|
| 1. Fall | | | | |
| 2. Fall | | | | |
| 3. Fall | | | | |
| 4. Fall | | | | |

(Lösung Seite 68)

# *Besondere* männliche Nomen

| | | | | |
|---|---|---|---|---|
| 1. Fall | | | | |
| 2. Fall | | | | |
| 3. Fall | | | | |
| 4. Fall | | | | |

*Tipp: Arbeite mit einigen Wörtern im Heft weiter.*

(Einige Lösungen Seite 68)

Setz **einige passende Nomen in der richtigen Form** in die Sätze ein:

Ich schaue ____ ________________ zu. Die Ohren ____ ______________ sind lang.
____ ______________ läuft schnell davon. Die Kinder beobachten _____ ________________.
Die Prinzessin gibt ____ ____________ die Hand. Dürfen wir ____ _____________ füttern?
Wir sind mit der Tochter _____ ______________ befreundet. Vergiss nicht, dich bei _____
______________ zu bedanken! Ich kenne ____ _________________ nicht.

(Mögliche Lösungen Seite 68)

# Ein Nomen hat vier Fälle

**Das sächliche Nomen (Namenwort)** in der Einzahl:

| | |
|---|---|
| **Das Kind** geht nach Hause. | **Wer** geht nach Hause? → **das Kind** (1. Fall) |
| Die Haare **des Kindes** sind braun. | **Wessen** Haare sind braun? → die Haare **des** Kindes (2. Fall) |
| Die Mutter gibt **dem Kind** zu essen. | **Wem** gibt die Mutter zu essen? → **dem** Kind (3. Fall) |
| Sie umarmt **das Kind**. | **Wen** umarmt sie? → **das** Kind (4. Fall) |

Schreib **sächliche Nomen** in **allen vier Fällen** in die Tabellen:

| | | | | |
|---|---|---|---|---|
| 1. Fall | | | | |
| 2. Fall | | | | |
| 3. Fall | | | | |
| 4. Fall | | | | |

# Ein Nomen hat vier Fälle

| | | | | |
|---|---|---|---|---|
| 1. Fall | | | | |
| 2. Fall | | | | |
| 3. Fall | | | | |
| 4. Fall | | | | |

| | | | | |
|---|---|---|---|---|
| 1. Fall | | | | |
| 2. Fall | | | | |
| 3. Fall | | | | |
| 4. Fall | | | | |

*Vergleiche deine Ergebnisse mit einem Partnerkind.*

**Weitere Übungsmöglichkeit:** Schreib einige **sächliche** und einige **männliche** Nomen in allen vier Fällen in dein Heft.

# Ein Nomen hat vier Fälle

**Das weibliche Nomen (Namenwort)** in der Einzahl:

| | |
|---|---|
| **Die Frau** geht zur Arbeit. | **Wer** geht zur Arbeit? → **die** Frau (1. Fall) |
| Die Tasche **der Frau** ist sehr groß. | **Wessen** Tasche ist groß? → die Tasche **der** Frau (2. Fall) |
| Ich helfe **der Frau** beim Tragen. | **Wem** helfe ich beim Tragen? → **der** Frau (3. Fall) |
| Wir kennen **die Frau** gut. | **Wen** kennen wir gut? → **die** Frau (4. Fall) |

Schreib **weibliche Nomen** in **allen vier Fällen** in die Tabellen:

| | | | | |
|---|---|---|---|---|
| 1. Fall | die Maus | die | | |
| 2. Fall | der Maus | der | | |
| 3. Fall | der Maus | der | | |
| 4. Fall | die Maus | die | | |

# Ein Nomen hat vier Fälle

| | | | | |
|---|---|---|---|---|
| 1. Fall | | | | |
| 2. Fall | | | | |
| 3. Fall | | | | |
| 4. Fall | | | | |

| | | | | |
|---|---|---|---|---|
| 1. Fall | | | | |
| 2. Fall | | | | |
| 3. Fall | | | | |
| 4. Fall | | | | |

*Vergleiche deine Ergebnisse mit einem Partnerkind.*

**So kannst du weiterüben:** Schreib einige **weibliche**, einige **männliche** und einige **sächliche** Nomen in allen vier Fällen in dein Heft.

# Viele Nomen kann man in die Mehrzahl setzen

**Die Mehrzahl wird auf verschiedene Weise gebildet.** Arbeite allein oder mit einem Partnerkind:

| Einzahl | Mehrzahl | Einzahl | Mehrzahl | Einzahl | Mehrzahl |
|---|---|---|---|---|---|
| der Bleistift | | der Affe | | das Bett | |
| das Krokodil | | die Katze | | das Herz | |
| das Heft | | der Hase | | die Uhr | |

*Kennzeichne mit Farbe, was sich in der Mehrzahl verändert hat.*

| Einzahl | Mehrzahl | Einzahl | Mehrzahl | Einzahl | Mehrzahl |
|---|---|---|---|---|---|
| der Apfel | | die Maus | | der Bus | |
| der Bruder | | der Ball | | das Zeugnis | |
| der Vater | | der Arzt | | das Ergebnis | |

*Kennzeichne mit Farbe, was sich in der Mehrzahl verändert hat.*

*Vergleicht eure Lösungen, besprecht sie miteinander.*

Tipp: Wenn du dir bei der Mehrzahlbildung nicht sicher bist, **verwende immer das WB!**

# Viele Nomen kann man in die Mehrzahl setzen

**Die Mehrzahl wird auf verschiedene Weise gebildet.** Arbeite allein oder mit einem Partnerkind:

| Einzahl | Mehrzahl | Einzahl | Mehrzahl | Einzahl | Mehrzahl |
|---|---|---|---|---|---|
| das Kind | | das Auto | | der Computer | |
| der Wald | | das Baby | | der Schüler | |
| das Haus | | der Uhu | | das Mädchen | |

*Vergleiche mit einem Partnerkind. Kennzeichne, was sich in der Mehrzahl verändert hat.*

Was ist das Einzige, das sich bei den Wörtern in der letzten Spalte geändert hat? ______________

(Lösung Seite 69)

| Diese Nomen gibt es nur in der Einzahl: | | Diese Nomen gibt es nur in der Mehrzahl: | |
|---|---|---|---|
| das Fleisch | die Milch | die Eltern | die Spaghetti |
| das Obst | die Gesundheit | die Geschwister | die Ferien |
| das Gemüse | der Stolz | die Leute | die Alpen |

*Kennst du Wörter, die dazupassen? Sammle sie in deinem Heft.*

# Auch das Mehrzahlwort hat vier Fälle

| | |
|---|---|
| **Die Vögel** picken Körner. | **Wer** pickt Körner? → **die** Vögel (1. Fall) |
| Die Federn **der Vögel** sind bunt. | **Wessen** Federn sind bunt? → die Federn **der** Vögel (2. Fall) |
| Ich streue **den Vögeln** Futter. | **Wem** streue ich Futter? → **den** Vögeln (3. Fall) |
| Mein Bruder beobachtet **die Vögel.** | **Wen oder was** beobachtet er? **die** Vögel (4. Fall) |

*Beachte das -n im 3. Fall Mehrzahl!*

Schreib die vier Fälle der angegebenen Wörter **in der Mehrzahl** auf, schreib auch die Fragen dazu:

| | der Baum: | die Maus: | das Blatt: | So frage ich: |
|---|---|---|---|---|
| 1. Fall | die Bäume | | | |
| 2. Fall | | | | |
| 3. Fall | | | | |
| 4. Fall | | | | |

*Kontrolliere sorgfältig, ob alle deine Wörter im 3. Fall Mehrzahl auf -n enden!*

# Auch das Mehrzahlwort hat vier Fälle

| | der Hase: | die Blume: | der Affe: | So frage ich: |
|---|---|---|---|---|
| 1. Fall | | | | |
| 2. Fall | | | | |
| 3. Fall | | | | |
| 4. Fall | | | | |

*Vergleicht eure Lösungen. Was fällt dir hier auf?* ______________________ (Lösung Seite 69)

Diese besonderen Wörter **enden in der Mehrzahl anders:** (Lösung Seite 69)

| | der Uhu: | das Auto: | das Baby: | So frage ich: |
|---|---|---|---|---|
| 1. Fall | | | | |
| 2. Fall | | | | |
| 3. Fall | | | | |
| 4. Fall | | | | |

# Mit Nomen kenne ich mich aus (Lernzielkontrolle)

Ordne die folgenden Nomen mitsamt dem Artikel in die Tabelle ein: (Lösung Seite 69)

*Buch, Stift, Straße, Mädchen, Computer, Schere, Sackerl, Käse, Schaukel, Handy, Heimweg, Arbeit*

| männlich | | weiblich | | sächlich | |
|---|---|---|---|---|---|
| | | | | | |
| | | | | | |

Finde heraus, ob du die vier Fälle schon gut bilden kannst (arbeite mit eigenen Wörtern):

| | Nomen in der Einzahl | | | ein Nomen in der Mehrzahl |
|---|---|---|---|---|
| | männlich | weiblich | sächlich | |
| 1. Fall | | | | |
| 2. Fall | | | | |
| 3. Fall | | | | |
| 4. Fall | | | | |

*Vergleiche dein Ergebnis mit Wörtern auf den Seiten 14, 16, 18, 20 und 24.*

# Arbeit am Zeitwort (Verb)

Auch über das Zeitwort gibt es viel zu lernen. Je besser du Bescheid weißt, desto leichter wird es dir fallen, beim Schreiben von Texten **Zeitwörter in der richtigen Form zu verwenden.**

Auf den nächsten Seiten wirst du **wiederholen** bzw. **lernen, Zeitwörter zu verändern,** also

- **Personalformen** zu bilden,
- sie in **verschiedene Zeiten** zu setzen,
- sie mit anderen Wörtern **zusammenzusetzen.**

# Die Gegenwart (= Präsens)

verwendest du, wenn du erzählst, was **jetzt gerade, normalerweise** oder **immer wieder** geschieht.
Schreib die Verben (Zeitwörter) **in der Gegenwart** (im Präsens) in der **Einzahl** auf:

| | ich | du | er, sie, es |
|---|---|---|---|
| spielen | ich spiele | | er |
| gehen | | | sie |
| rechnen | | | es |

Schreib die Verben (Zeitwörter) im Präsens in der **Mehrzahl** auf:

| | wir | ihr | sie |
|---|---|---|---|
| spielen | wir | | |
| gehen | | | |
| rechnen | | | |

*Vergleicht eure Lösungen miteinander.*

(Lösung Seite 69)

# Die Gegenwart (= Präsens)

Arbeite mit eigenen **Verben (Zeitwörtern)** im Präsens weiter:

| | ich | du | er, sie, es |
|---|---|---|---|
| | | | |
| | | | |
| | | | |

| | wir | ihr | sie |
|---|---|---|---|
| | | | |
| | | | |
| | | | |

*Besprecht eure Lösungen zu zweit.*

**Mögliche Weiterarbeit**: Du kannst einige Wörter auch ins Heft schreiben.

# Die Zukunft (= Futur)

verwendest du, wenn du erzählst, was erst **später geschehen wird.**

Schreib die Verben (Zeitwörter) **in der Zukunft** (im Futur) in der **Einzahl** auf:

| | ich | du | er, sie, es |
|---|---|---|---|
| spielen | ich werde spielen | | er |
| gehen | | | sie |
| rechnen | | | es |

Schreib die Verben (Zeitwörter) im Futur in der **Mehrzahl** auf:

| | wir | ihr | sie |
|---|---|---|---|
| spielen | wir | | |
| gehen | | | |
| rechnen | | | |

*Vergleiche deine Lösungen mit einem Partnerkind.*

(Lösung Seite 70)

# Die Zukunft (= Futur)

Arbeite mit eigenen **Verben (Zeitwörtern)** im Futur weiter:

| | ich | du | er, sie, es |
|---|---|---|---|
| | | | |
| | | | |
| | | | |

| | wir | ihr | sie |
|---|---|---|---|
| | | | |
| | | | |
| | | | |

*Besprecht eure Lösungen miteinander.*

**Weitere Übungsmöglichkeit:** Einige Wörter kannst du auch in dein Heft schreiben.

# Die lange Vergangenheit (= Perfekt)

verwendest du, wenn du erzählst, was **bereits geschehen ist**, was **schon vergangen** ist.

Schreib die Verben (Zeitwörter) **in der langen Vergangenheit** (im Perfekt) in der **Einzahl** auf:

| | ich | du | er, sie, es |
|---|---|---|---|
| spielen | ich habe gespielt | | er |
| gehen | | | sie |
| rechnen | | | es |

Schreib die Verben (Zeitwörter) im Perfekt in der **Mehrzahl** auf:

| | wir | ihr | sie |
|---|---|---|---|
| spielen | wir | | |
| gehen | | | |
| rechnen | | | |

(Lösung Seite 70)

# Die lange Vergangenheit (= Perfekt)

Arbeite mit eigenen **Verben (Zeitwörtern)** im Perfekt weiter:

| | ich | du | er, sie, es |
|---|---|---|---|
| | | | |
| | | | |
| | | | |

| | wir | ihr | sie |
|---|---|---|---|
| | | | |
| | | | |
| | | | |

*Arbeite allein oder mit einem Partnerkind.*

**So kannst du weiterüben:** Schreib einige Wörter auch in dein Heft.

# Die kurze Vergangenheit (= Präteritum)

verwendest du, wenn du dich beim Aufschreiben von Vergangenem **besonders gewählt ausdrücken** willst.
Schreib die Verben (Zeitwörter) **in der kurzen Vergangenheit** (im Präteritum) in der **Einzahl** auf:

| | ich | du | er, sie, es |
|---|---|---|---|
| spielen | ich spielte | | er |
| gehen | | | sie |
| rechnen | | | es |

Schreib die Verben (Zeitwörter) im Präteritum in der **Mehrzahl** auf:

| | wir | ihr | sie |
|---|---|---|---|
| spielen | wir | | |
| gehen | | | |
| rechnen | | | |

(Lösung Seite 71)

Bei den folgenden Verben kannst du das Präteritum selber „basteln“:

| | ich | du | er, sie, es |
|---|---|---|---|
| malen | ich malte | | |
| sagen | | du sagtest | |
| bauen | | | sie baute |

| | wir | ihr | sie |
|---|---|---|---|
| malen | | | sie malten |
| sagen | wir sagten | | |
| bauen | | ihr bautet | |

*Arbeite allein oder mit einem Partnerkind.* (Lösung Seite 71)

*Hinweis: Die 2. Personalform Einzahl („du“) und Mehrzahl („ihr“) wirst du nicht oft brauchen. Üb daher im Heft nur mit den persönlichen Fürwörtern ich, er oder sie, wir und sie weiter. Folgende Verben (Zeitwörter) könntest du verwenden: weinen, turnen, klettern, hocken, packen, schauen, suchen, verstecken, . . .*

# Häufige Verben, die sich im Präteritum stark verändern

Arbeite allein oder mit einem Partnerkind. Verwende das Wörterbuch:

| | ich | du | er, sie, es |
|---|---|---|---|
| schreiben | ich schrieb | du schriebst | |
| rufen | | | |
| schlafen | | | |

*Hinweis: Die 2. Personalform („du") wirst du beim Schreiben kaum brauchen.*

| | wir | ihr | sie |
|---|---|---|---|
| schreiben | wir schrieben | ihr schriebt | sie schrieben |
| rufen | | ihr rieft | |
| schlafen | | | |

*Hinweis: Die 2. Personalform („ihr") wirst du beim Schreiben kaum brauchen.* (Lösung Seite 71)

# Häufige Verben, die sich im Präteritum stark verändern

Arbeite hier **nur mit den Formen, die du oft brauchst** (allein oder mit Partnerkind):

| | ich | er oder sie | wir | sie |
|---|---|---|---|---|
| essen | | | | |
| sitzen | | | | |
| fahren | | | | |
| laufen | | | | |
| fallen | | | | |
| liegen | | | | |
| schwimmen | | | | |

(Lösung Seite 72)

**Wichtige Verben, mit denen du im Heft weiterüben kannst:** greifen, pfeifen; schließen, beschließen, gießen; sprechen, brechen; reiten, schreiten, gleiten, leiden; . . . (Manche reimen sich im Präteritum)

**Tipp:** Im Schulbuch findest du eine Liste mit Verben, die sich im Präteritum stark verändern (S 104/105)

# Verben kann man mit anderen Wörtern zusammensetzen

ab an auf aus durch her hin herauf hinunter mit nach
über vor voraus vorbei vorüber weiter weg zurück zusammen

Zusammengesetzte **Verben (Zeitwörter)** erklären die Tätigkeit genauer:

| |
|---|
| schreiben: *abschreiben, aufschreiben,* |
| gehen: *mitgehen,* |
| kommen: |

*Besprecht die Bedeutung der Wörter in einer kleinen Gruppe.* (Mögliche Lösungen Seite 72)

**Wichtige Wörter für die Weiterarbeit** im Heft: ***setzen, fahren, arbeiten, laufen***

# Zusammengesetzte Verben trennen sich oft wieder

Wenn du Sätze schreibst, **trennen sich diese Verben (Zeitwörter) oft wieder**. Probier es aus:

| | | |
|---|---|---|
| weiterschreiben: | Ich möchte alleine **weiterschreiben**. | Ich **schreibe** die Geschichte alleine **weiter**. |
| hinsetzen: | Ich will | Ich setze |
| zurückfahren: | | |

*Arbeite allein oder mit einem Partnerkind.*

Schreib einige **Verben mit diesen Vorsilben** auf.

be- ent- ver- er-

*Verwende das WB! Besprecht die Bedeutung der Wörter in einer kleinen Gruppe.*

**Schreib einige Sätze ins Heft.** Beachte: **Die Vorsilbe bleibt immer mit dem Verb verbunden!**

# Mit Verben kenne ich mich aus (Lernzielkontrolle)

Schreib **ein Verb** im Präsens (**= Gegenwart) in allen Personalformen** auf:

Schreib **ein Verb** im Perfekt (**= lange Vergangenheit) in allen Personalformen** auf:

Schreib die folgenden Verben **in drei Formen** auf – schau auf das erste Beispiel:

| | |
|---|---|
| gehen: *gehen - ging - gegangen* | singen: |
| laufen: | turnen: |
| malen: | schreiben: |

(Lösung Seite 72)

**Tipp:** Wenn dir etwas schwergefallen ist, arbeite die entsprechenden Seiten noch einmal durch!

# Arbeit am **Eigenschaftswort**
# (Adjektiv)

**Eigenschaftswörter machen einen Text besonders interessant.** Um Eigenschaftswörter aber richtig verwenden zu können, **musst du genug** über diese Wortart **wissen**, zum Beispiel,

- wie man Eigenschaftswörter **verändert**,
- wie man die **Mehrstufe** und die **Meiststufe** bildet,
- wie man mit diesen Wörtern **Vergleiche formuliert**,
- **in welcher Weise** man Eigenschaftswörter **verwenden** kann.

Auf den nächsten Seiten wirst du einiges darüber erfahren.

# Die meisten Eigenschaftswörter (Adjektive) kann man steigern

Bilde die **Mehrstufe** und die **Meiststufe**. Arbeite allein oder mit einem zweiten Kind:

| Grundstufe | Mehrstufe | Meiststufe |
|---|---|---|
| stark | stärker | |
| warm | | |
| ruhig | | |
| schwach | | |
| aufmerksam | | |
| geduldig | | |
| lieb | | am liebsten |
| lustig | | |

Mit folgenden Adjektiven könntest du **im Heft weiterarbeiten**: *dünn, klein, schwierig, achtsam, ehrlich, verlässlich, schnell, witzig, herzlich, langsam, wichtig, sauber, schön, fleißig, sicher*

# Die meisten Adjektive kann man steigern

Adjektive auf -d, -t, -ß, -sch, -z, -au und -eu bekommen **in der Meiststufe zusätzlich ein -e-** eingefügt:

| Grundstufe | Mehrstufe | Meiststufe |
|---|---|---|
| glatt | | am glattesten |
| kalt | | |
| wild | | |
| rasch | | |
| kurz | | |
| heiß | | |
| genau | | |
| interessant | | |

Mit einigen der folgenden Adjektive könntest du **im Heft weiterarbeiten**: *gewissenhaft, kompliziert, laut, bunt, berühmt, alt, stolz, hübsch, süß, breit, spät, leicht, nett, weit, sanft, schlecht, spitz, interessiert*

# Die meisten Adjektive kann man steigern

Diese Adjektive (Eigenschaftswörter) haben **ganz besondere Mehr- und Meiststufen.**
Arbeite allein oder zusammen mit einem Partnerkind. **Verwende das Wörterbuch:**

| Grundstufe | Mehrstufe | Meiststufe |
|---|---|---|
| hoch | | |
| nahe | | |
| viel (viele) | | |
| gern | | |
| gut | | |
| teuer | | |

(Lösung Seite 73)

Das Adjektiv ***richtig*** kann man nicht steigern. Etwas kann nicht *richtiger* sein als ***richtig*** . . .

**Einige Adjektive, die man nicht steigern kann:**

richtig, falsch, leer, voll, fertig, lauwarm, einzig, dreieckig, viereckig, . . .


Lernen mit Pfiff, Wien. Walter: Schreibfix 4 NEU – Lebendige Sprache: Rechtschreibung/Sprachbetrachtung

# Mit Adjektiven kann man vergleichen

Vergleiche mit der Grundstufe:

so gut wie — nicht so schnell wie — gleich hoch wie — doppelt so groß wie — halb so viel wie

Setz die Wortgruppen aus dem Rahmen in den Text ein. Es ist auch Platz für eigene Sätze:

Der Baum ist ______________________ unser Haus.

Ich kann ______________________ gehen ______ mein Papa.

Papas Schuhe sind fast ______________________ meine.

Nichts schmeckt mir ______________________ die Torte, die meine Oma immer macht.

Mein kleiner Bruder wiegt nicht einmal ______________________ ich.

______________________________________________

______________________________________________

(Lösung Seite 73)

# Mit Adjektiven kann man vergleichen

Für Vergleiche **mit der Mehrstufe** brauchst du das Wörtchen **als**:

Ich kann jetzt viel ______________ lesen **als** in der zweiten Klasse. *(gut)*

Heute ist es ______________ ______ gestern. *(kalt)*

Bist du ______________ oder ______________ ______ ich? *(groß, klein)*

Der Turm ist ______________ ______ alle Häuser in der Umgebung. *(hoch)*

Du hast ___________ Buntstifte _____ ich. *(viele)*

Dieses Buch ist ______________ _____ alle Bücher, die ich bisher gelesen habe. *(spannend)*

Mein Bruder ist zwei Jahre ______________ _____ ich. *(jung)*

Diesmal habe ich den Ball 35 cm ______________ geworfen _____ letztes Mal! *(weit)*

Darf ich heute bitte ein bisschen ______________ fernsehen _____ gestern? *(lang)*

(Lösung Seite 73)

**Mögliche Weiterarbeit im Heft:** Schreib **eigene Vergleiche mit der Mehrstufe** des Adjektivs.

# Mit Adjektiven kann man vergleichen

Einige Vergleiche **mit der Meiststufe:**

Daria hat einige Gegenstände gern, aber am ____________ mag sie Mathematik. *(gern)*

Die Fahrbahn auf dem Zebrastreifen zu überqueren ist am ____________. *(sicher)*

Lukas ist von diesen drei Kindern am ____________. *(jung)*

Wer ist in eurer Klasse am ____________? *(groß)*

*Vergleiche dein Ergebnis mit einem Partnerkind.*

Arbeitet in Gruppen zu dritt oder zu viert, **vergleicht Größe, Haarlänge, Fingerlänge, Alter, . . .**

*(groß)* ____________ ist größer als ____________. ____________ ist am größten.

*(klein)* ____________

*(alt)* ____________

*(lang)* ____________

**So kannst du auch im Heft weiterarbeiten:** Schreib **eigene Vergleiche** auf.

# Zu Adjektiven das Gegenteil bilden

Die zweite Spalte wirst du rasch ausfüllen können. Für die vierte Spalte brauchst du aber eigene Wörter. Arbeite allein oder zusammen mit einem Partnerkind. Verwende das Wörterbuch!

| Adjektiv | Gegenteil (un-) | Adjektiv | Gegenteil |
|---|---|---|---|
| freundlich | unfr | rau | gl |
| gemütlich | | alt | |
| ordentlich | | dünn | |
| pünktlich | | klein | |
| geduldig | | hell | |
| dankbar | | laut | |
| möglich | | voll | |

(Lösung Seite 73)

**Wörter, mit denen du im Heft weiterarbeiten kannst:** *aufmerksam, interessant, angenehm, bescheiden, vorsichtig, durchsichtig; breit, schwer, hart, niedrig, süß, heiß, schnell, sauber, richtig, nass*

# Das Adjektiv als Beifügung

Adjektive können zu **Namenwörtern** (Nomen) **hinzugefügt** werden. Dann **verändert sich das Adjektiv.** Es **richtet sich nach dem Namenwort**. Arbeite allein oder mit einem Partnerkind:

| Adjektiv | Adjektiv als Beifügung | Adjektiv | Adjektiv als Beifügung |
|---|---|---|---|
| schnell | Da fährt ein schnelles Auto. | hoch | Das ist ein Baum. |
| süß | Ich mag den Kuchen. | voll | Ich trage die Gläser. |
| breit | Das ist eine Straße. | nass | Der Boden ist rutschig. |

In die folgenden Sätze darfst du **eigene Adjektive (Eigenschaftswörter)** einsetzen:

Die Lehrerin freut sich über ihre ______________________ Kinder.

Vorsicht – das ist eine ______________________ Straße!

Hast du schon einmal so ein ______________________ Bild gesehen?

*Besprecht eure Lösungen miteinander, vergleicht eure Ideen.*

**So kannst du im Heft weiterarbeiten:** Schreib eigene Sätze, verwende das Adjektiv als **Beifügung.**

# Mit Adjektiven kenne ich mich aus (Lernzielkontrolle)

Schreib **die Mehr- und die Meiststufen** dazu:

| | | | | | |
|---|---|---|---|---|---|
| ruhig | | | kalt | | |
| viel | | | hoch | | |

Schreib **einen Vergleich mit der Grundstufe** und einen **Vergleich mit der Mehrstufe** auf:

Finde das Gegenteil zu diesen Adjektiven:

| | | | | | |
|---|---|---|---|---|---|
| pünktlich | | richtig | | laut | |
| möglich | | schnell | | freundlich | |

**Tipp:** Wenn dir etwas schwergefallen ist, arbeite die entsprechenden Seiten noch einmal durch!

# Arbeit am Satz

Ein Satz besteht aus mehreren Satzgliedern. Ein **vollständiger Satz** muss **mindestens zwei Satzglieder** haben: **ein Subjekt** (= Satzgegenstand) und **ein Prädikat** (= Satzaussage).

Auf den nächsten Seiten wirst du **viele verschiedene Teile** eines Satzes kennen lernen.

**Mit Hilfe der Verschiebeprobe erkennen, was ein Satzglied ist**

Ein Beispiel:

- Schreib den folgenden Satz auf einen Papierstreifen:

| |
|---|
| Die Kinder spielen am Nachmittag UNO. |

- Zerschneide den Streifen:

| | | | |
|---|---|---|---|
| Die Kinder | spielen | am Nachmittag | UNO. |

- Nun verschiebe die Teile:

| | | | |
|---|---|---|---|
| UNO | spielen | Die Kinder | am Nachmittag |

  Du siehst: Der neue Satz ergibt Sinn.
  Das heißt, du hast die Satzglieder richtig voneinander getrennt. Du kannst die Teile sogar noch zwei Mal verschieben! Das kannst du gleich ausprobieren.

Auf **Seite 77 und 78** findest du weitere Sätze für **Verschiebeproben**.

# Das Prädikat (= Satzaussage)

Jeder vollständige Satz hat ein **Subjekt** und ein **Prädikat. Das Prädikat sagt aus, was geschieht:**

Ich singe (Pr). Die Lehrerin erklärt (Pr). Wir schreiben (Pr). Die Kinder spielen (Pr). Der Elefant trompetet (Pr).

**Unterstreiche und kennzeichne das Prädikat:**

Der Löwe brüllt. Die Kinder diskutieren. Meine Mama liest. Der Wind weht. Die Katze schleicht.

**Manchmal besteht das Prädikat aus zwei oder mehr Wörtern:**

Ich gehe spielen. Der Papa hat gerufen. Mein Freund muss zusammenräumen. Miron mag malen.

**Unterstreiche und kennzeichne das Prädikat:**

Der Hund hat gefressen. Wir müssen rechnen. Ich möchte lesen. Emma ist weitergelaufen.

Die Oma kann kochen. Meine Mama ist heimgekommen. Mein Papa wird einkaufen gehen.

*Vergleiche dein Ergebnis mit einem zweiten Kind.*

(Lösung Seite 74)

# Das Prädikat (= Satzaussage)

**Das Prädikat sagt auch aus, wie jemand** oder etwas **ist:**

Das Bild ist schön (Pr). Die Kinder waren wild (Pr). Der Affe ist geschickt (Pr). Der Schmetterling ist bunt (Pr).

**Unterstreiche und kennzeichne das Prädikat:**

Der Elefant ist riesig. Die Suppe ist lauwarm. Der Hund war gefährlich. Das Baby ist müde.

**Das Prädikat sagt aus, was geschieht** oder **wie jemand** (etwas) **ist. Bestimme das Prädikat:**

Die Kinder können schwimmen. Meine Freunde und Freundinnen sind nett. Ich mag lesen.
Eine Ameise ist winzig. Die Lehrerin will anfangen. Der Papa hat angerufen. Der Adler fliegt.
Ich bin freundlich. Meine Schwester geht spielen. Lukas möchte hinausgehen. Das Baby lacht.
Eine Wespe kann stechen. Der Bub will rennen. Dieser Baum ist hoch. Die Kinder wollen klettern.
Die Biene summt. Ein Gepard ist schnell! Das Mädchen wird schwimmen gehen. Ich male.

(Lösung Seite 74)

**So kannst du im Heft weiterarbeiten:** Schreib ganz kurze Sätze auf und **bestimme das Prädikat.**

# Das Subjekt (= Satzgegenstand)

Nach dem **Subjekt** fragt man mit **„Wer?“ Das Subjekt steht immer im 1. Fall** (→ Seiten 7 – 13)

| | So fragst du nach dem **Subjekt**: |
|---|---|
| <u>Die Oma</u> (S) kocht. | **Wer** kocht? → die Oma |
| <u>Die Kinder</u> (S) spielen. | **Wer** spielt? → die Kinder |
| <u>Der Löwe</u> (S) ist hungrig. | **Wer** ist hungrig? → der Löwe |

Frag mit **„Wer?“** und **bestimme das Subjekt**:

| | So fragst du nach dem **Subjekt**: |
|---|---|
| Das Faultier schläft.<br>Das Baby kann greifen.<br>Ich muss zusammenräumen.<br>Mein Opa kommt.<br>Die Schlange ist lang. | |

# Jeder vollständige Satz hat ein Subjekt und ein Prädikat

Schau auf den Beispielsatz und **bestimme** in jedem Satz **das Subjekt** und **das Prädikat**:

S Pr

Meine Mama geht arbeiten. Manche Schlangen sind giftig. Meine Eltern möchten ausgehen. Meine Freundin will weiterspielen. Meine Oma hat vorgelesen. Die Ameisen sind fleißig. Viele Tiere können fliegen. Die Kinder sind fröhlich. Der Boden ist schmutzig. Die Vögel singen.

In diesem Rahmen stehen lange Sätze:

Meine Oma ist gerade gekommen. Die Kinder haben sehr fleißig gearbeitet. Ein Löwe kann sehr laut brüllen. Das Baby ist heute schon sehr müde. Ich habe gestern Schnitzel mit Pommes gegessen.

**Verkürze nun die Sätze so**, dass sie **nur mehr aus Subjekt und Prädikat bestehen**:

S Pr

Meine Oma ist gekommen.

(Lösung Seite 74)

# Das Objekt im 4. Fall (O 4)

**Das Objekt ist eine Ergänzung.** Den **Fall** des Objekts **bestimmt das Verb** (Zeitwort):

| | So fragst du nach dem **Objekt** im 4. Fall (O 4): |
|---|---|
| Lukas isst <u>einen Apfel</u>. (O 4) | Wen (oder was) isst Lukas? → einen Apfel → O 4 |
| Ich sehe <u>die Schwalbe</u>. (O 4) | Wen (oder was) sehe ich? → die Schwalbe → O 4 |
| Mein Papa trägt <u>das Baby</u>. (O 4) | Wen (oder was) trägt der Papa? → das Baby → O 4 |

Frag mit „**Wen oder was?**" und **bestimme das Objekt im 4. Fall** (O 4):

| | So fragst du nach dem **Objekt** im 4. Fall (O 4): |
|---|---|
| Ich lese das Buch.<br>Emma beobachtet den Käfer.<br>Daria isst den Salat.<br>Der Löwe jagt die Gazelle. | |


Lernen mit Pfiff, Wien. Walter: Schreibfix 4 NEU – Lebendige Sprache: Rechtschreibung/Sprachbetrachtung

# Das Objekt im 4. Fall (O 4)

Auf diese Verben (Zeitwörter) folgt der **4. Fall:**

| | | | | | | | | |
|---|---|---|---|---|---|---|---|---|
| sehen | nehmen | treffen | grüßen | fragen | brauchen | essen | rufen | tragen |
| trinken | finden | hören | betrachten | beobachten | streicheln | zeichnen | lesen | |

*Du hast auch Platz für eigene Verben, die den 4. Fall verlangen.*

**Schreib kurze Sätze** mit solchen Verben **und bestimme das O 4:**

**So kannst du im Heft weiterarbeiten:** Schreib Sätze mit den Verben oben, **bestimme das O 4.**

# Das Objekt im 3. Fall (O 3)

**Ein Objekt kann auch im 3. Fall stehen:**

| | So fragst du nach dem **Objekt** im 3. Fall (O 3): |
|---|---|
| Mein Bild gefällt <u>meinem Opa</u> (O 3).<br>Die Lehrerin hilft <u>dem Kind</u> (O 3).<br>Ich begegne <u>der Nachbarin</u> (O 3). | Wem gefällt das Bild? → dem Opa → O 3<br>Wem hilft die Lehrerin? → dem Kind → O 3<br>Wem begegne ich? → der Nachbarin → O 3 |

Frag mit „**Wem**“ und **bestimme das Objekt im 3. Fall** (O 3):

| | So fragst du nach dem **Objekt** im 3. Fall (O 3): |
|---|---|
| Ich danke dem Lehrer.<br>Die Tasche gehört meinem Papa.<br>Ich helfe meiner Freundin. | |

**Verben, die den 3. Fall verlangen:** gehören, begegnen, gefallen, danken, helfen


Lernen mit Pfiff, Wien. Walter: Schreibfix 4 NEU – Lebendige Sprache: Rechtschreibung/Sprachbetrachtung

# Subjekt, Prädikat und Objekt (O 3, O 4)

**Ein mehrteiliges Prädikat steht nicht immer beisammen:**

| | | | |
|---|---|---|---|
| Ein Elefant (S) will fressen (Pr). | Wer will fressen? | → ein Elefant | → S |
| | Was geschieht? | → er will fressen | → Pr |
| Ein Elefant (S) will (Pr) die Blätter (O 4) fressen (Pr). | Wer will fressen? | → ein Elefant | → S |
| | Was geschieht? | → er will fressen | → Pr |
| | Wen (oder was) will er fressen? | → die Blätter | → O 4 |

Bestimme in diesen Sätzen **Subjekt (S)**, **Prädikat (Pr)** und **Objekt (O3 oder O4)**:

Miron möchte ein Schnitzel essen. Diese Schultasche gehört meinem Freund. Die Ameise ist stark. Die Kinder müssen die Aufgabe machen. Der Bub will das Pferd streicheln. Emma nimmt einen Apfel. Daria möchte einer Fee begegnen. Die Katze hat eine Maus gefangen. Ich will spielen gehen.

(Lösung Seite 74)

# Die Zeitergänzung (ZE)

Diese Sätze enthalten **Zeitergänzungen:**

| | So fragst du nach der **Zeitergänzung**: |
|---|---|
| Heute (ZE) gehe ich schwimmen. | **Wann** gehe ich schwimmen? → heute → **ZE** |
| Miron schreibt jeden Tag (ZE). | **Wie oft** schreibt er? → jeden Tag → **ZE** |
| Die Oma ist seit gestern (ZE) bei uns. | **Seit wann** ist sie bei uns? → seit gestern → **ZE** |
| In den Ferien (ZE) lese ich viele Stunden (ZE). | **Wann** lese ich viele Stunden? → in den Ferien → **ZE**<br>**Wie lange** lese ich in den Ferien? → viele Stunden → **ZE** |

| Mögliche **Zeitergänzungen** | |
|---|---|
| Einzelne Wörter | heute, gestern, übermorgen, damals, abends, mittags, oft, schon, selten, täglich, wöchentlich, immer, nie, gleich, dann, früher, später, zeitig, spät, früh, wieder, . . . |
| Wortgruppen | in der Früh, am Abend, zu Mittag, jede Woche, jedes Jahr, zwei Stunden, bis Freitag, in der Nacht, in den Ferien, während der Schulzeit, . . . |


Lernen mit Pfiff, Wien. Walter: Schreibfix 4 NEU – Lebendige Sprache: Rechtschreibung/Sprachbetrachtung

# Die Zeitergänzung (ZE)

Bestimme **Subjekt**, **Prädikat**, **Objekt 4** und **Zeitergänzung**:

Unsere Katze hat vor zwei Tagen eine Maus gefangen. Ich werde am Abend früh schlafen gehen.

Daria hat voriges Jahr eine Gottesanbeterin entdeckt. Am Nachmittag wird Lukas klettern gehen.

Die Kinder müssen am Nachmittag die Aufgabe machen. In den Ferien können wir länger schlafen.

*Beachte: Das Subjekt muss nicht immer am Satzanfang stehen!*

(Lösung Seite 75)

Schreib einige **Sätze mit verschiedenen Zeitergänzungen** auf und **bestimme die ZE**:

# Die Ortsergänzung (OE)

Diese Sätze enthalten **Ortsergänzungen**:

| | So fragst du nach der **Ortsergänzung**: | | |
|---|---|---|---|
| Die Kinder spielen dort. (OE: dort) | Wo spielen sie? | → dort | → OE |
| Wir fahren nach Italien. (OE: nach Italien) | **Wohin** fahren wir? | → nach Italien | → OE |
| Meine Oma kommt aus Graz. (OE: aus Graz) | **Woher** kommt meine Oma? | → aus Graz | → OE |
| Unser Auto steht da drüben. (OE: da drüben) | Wo steht unser Auto? | → da drüben | → OE |

**Ortsergänzungen** können einzelne Wörter oder Wortgruppen sein:

da, dort, hier, drüben, oben, unten, hinten, vorne, rechts, vorne links, hinaus, hinunter, herein, draußen, drinnen, dort drüben, nach Amerika, aus Italien, . . .

*Du kannst diese Wortsammlung mit eigenen Wörtern ergänzen.*

**So kannst du im Heft weiterarbeiten:**
Schreib **einige Sätze mit verschiedenen Ortsergänzungen** auf und **bestimme die OE.**

# Die Ortsergänzung (OE)

**Ortsergänzungen** mit bestimmten Vorwörtern:

an, auf, hinter, neben, in, über, unter, vor, zwischen

**Nach diesen Vorwörtern** steht auf die Frage **Wo?** der **3. Fall** (OE 3): **auf dem** Baum, **unter der** Couch, …
auf die Frage **Wohin?** der **4. Fall** (OE 4): **auf den** Tisch, **vor das** Haus, …

Frag nach der **Ortsergänzung** mit „**Wo?**“ oder mit „**Wohin?**“, unterscheide zwischen **OE 3** und **OE 4**:

| | |
|---|---|
| Emma klettert gerne <u>auf einen Baum</u> (OE 4). | Wohin klettert sie? → auf einen Baum → OE 4 |
| Emma sitzt <u>auf dem Baum</u> (OE 3). | Wo sitzt sie? → auf dem Baum → OE 3 |
| Die Kinder spielen hinter dem Haus. | |
| Die Kinder laufen hinter das Haus. | |
| Der Ball rollt unter das parkende Auto. | |
| Der Ball liegt unter dem parkenden Auto. | |

(Lösung Seite 75)

# Die Artergänzung (AE)

Diese Sätze enthalten **Artergänzungen:**

| | So fragst du nach der **Artergänzung:** |
|---|---|
| Lukas rechnet sehr gerne. (AE: sehr gerne) | **Wie (auf welche Art)** rechnet er? → sehr gerne → AE |
| Daria läuft schnell. (AE: schnell) | **Auf welche Art (wie)** läuft sie? → schnell → AE |
| Ich kann überhaupt nicht Klavier spielen. (AE: überhaupt nicht) | **Wie** kann ich Klavier spielen? → überhaupt nicht → AE |
| Die Kinder arbeiten ruhig. (AE: ruhig) | **Wie** arbeiten die Kinder? → ruhig → AE |
| Langsam geht die Sonne unter. (AE: Langsam) | **Wie** geht die Sonne unter? → langsam → AE |

| **Mögliche Artergänzungen** | |
|---|---|
| Einzelne Wörter und kleine Wortgruppen | gerne, nicht, hoffentlich, sehr, kaum, überhaupt nicht, gar nicht, sehr gern, am liebsten, wirklich, auf jeden Fall, ziemlich, in Ruhe, . . . |
| **Adjektive, wenn sie die** Verben ergänzen | schnell, langsam, ruhig, konzentriert, aufmerksam, gemütlich, nervös, müde, aufgeregt, . . . |

# Die Artergänzung (AE)

Frag nach der **Artergänzung** mit „**Wie?**“ oder mit „**Auf welche Art?**“ und bestimme sie:

| | |
|---|---|
| Die Kinder hören aufmerksam zu.<br>Ich will wirklich schwimmen gehen!<br>Spinat mag ich gar nicht.<br>Hoffentlich werden wir rechnen!<br>Miron schreibt am liebsten Gedichte.<br>Lukas schreibt konzentriert.<br>Heute haben wir kaum gelesen.<br>Emma möchte auf keinen Fall schaukeln.<br>Daria schaukelt hoch!<br>Die Kinder singen unglaublich schön. | |

(Lösung Seite 76)

# Artergänzung oder Teil des Prädikats?

Ein Adjektiv (Eigenschaftswort) kann **zum Prädikat gehören** oder **eine Artergänzung sein.**

| Hier ist das Adjektiv **Teil des Prädikats:** | Hier ist das Adjektiv **eine Artergänzung:** |
|---|---|
| Der Löwe <u>ist schnell</u>. (Pr) <br> Die Katze <u>ist konzentriert</u>. (Pr) <br> Die Kinder <u>sind ruhig</u>. (Pr) | Der Löwe <u>läuft</u> (Pr) <u>schnell</u> (AE). <br> Die Katze <u>lauert</u> (Pr) <u>konzentriert</u> (AE). <br> Die Kinder <u>arbeiten</u> (Pr) <u>ruhig</u> (AE). |
| Hier kannst du **das Adjektiv nicht weglassen:** <br> Der Löwe ist . . . (=**kein** vollständiger Satz) | Hier kannst du **das Adjektiv weglassen:** <br> Der Löwe <u>läuft</u>.(=ein vollständiger Satz.) <br> **Wie** läuft er? → schnell (AE) |

**Bestimme** in den folgenden Sätzen **Prädikat und Artergänzung:**

Die Leute gehen langsam. Der Ball springt hoch. Dieser Baum ist hoch. Die Mama ist müde.
Viele Kinder schreiben schön. Am Abend ist es gemütlich. Der Papa kommt nervös nach Hause.
Die U-Bahn fährt schnell. Das Baby ist unruhig. Die Eltern warten geduldig.

(Lösung Seite 76))

# Mit Satzgliedern kenne ich mich aus (Lernzielkontrolle)

Bestimme in den folgenden Sätzen alle Satzglieder:

Am Abend gehen wir rechtzeitig schlafen. Heute haben wir sehr konzentriert gearbeitet.
Manche Kinder sind wild. Emma klettert gerne. Alle Kinder grüßen in der Früh höflich.
Ich überquere eine Straße immer vorsichtig. Vor den Ferien danken die Kinder dem Lehrer.
Meine Freunde und ich lesen gerne spannende Bücher. Neben dem Tisch stehen vier Sessel.
Das Baby schläft gut. Heute am Nachmittag bekommt Emma ein neues Fahrrad.
Seit einiger Zeit können wir die Satzteile bestimmen. Bald beginnen die Sommerferien.
Nach den Ferien werden wir in die nächste Schule gehen. Manche Kinder sind ein bisschen nervös.
Jetzt sind wir groß. Wir arbeiten fleißig. Unsere Lehrerin ist sehr zufrieden.

(Lösung Seite 77)

**Tipp:** Wenn du bei bestimmten Satzgliedern Schwierigkeiten hattest, arbeite die entsprechenden Seiten noch einmal durch!

# LÖSUNGEN

Seite 16:

| | | |
|---|---|---|
| der Hase | der Elefant | der Bär |
| des Hasen | des Elefanten | des Bären |
| dem Hasen | dem Elefanten | dem Bären |
| den Hasen | den Elefanten | den Bären |

| | | | |
|---|---|---|---|
| der Mensch | der Polizist | der Löwe | der Affe |
| des Menschen | des Polizisten | des Löwen | des Affen |
| dem Menschen | dem Polizisten | dem Löwen | dem Affen |
| den Menschen | den Polizisten | den Löwen | den Affen |

Seite 17:

| | | | |
|---|---|---|---|
| der Bauer | der Prinz | der Nachbar | der Knabe |
| des Bauern | des Prinzen | des Nachbarn | des Knaben |
| dem Bauern | dem Prinzen | dem Nachbarn | dem Knaben |
| den Bauern | den Prinzen | den Nachbarn | den Knaben |

Ich schaue **dem Bären** zu. Die Ohren **des Hasen** sind lang. **Der Affe** läuft schnell davon. Die Kinder beobachten **den Elefanten**. Die Prinzessin gibt **dem Prinzen** die Hand. Dürfen wir **den Löwen** füttern? Wir sind mit der Tochter **des Nachbarn** befreundet. Vergiss nicht, dich bei **dem Polizisten** zu bedanken! Ich kenne **den Menschen** nicht.

Seite 23:

In der letzten Spalte hat sich **nur der Artikel** geändert.

Seite 25:

- Obere Tabelle: Diese Wörter **enden** in allen vier Fällen in der Mehrzahl **auf -en**.
- Untere Tabelle: Alle Wörter **enden** in allen vier Fällen in der Mehrzahl **auf** -s.

Seite 26:

| männlich | | weiblich | | sächlich | |
|---|---|---|---|---|---|
| der Stift | der Käse | die Straße | die Schaukel | das Buch | das Sackerl |
| der Computer | der Heimweg | die Schere | die Arbeit | das Mädchen | das Handy |

Seite 28:

| | | | |
|---|---|---|---|
| spielen | ich spiele | du spielst | sie spielt |
| gehen | ich gehe | du gehst | er geht |
| rechnen | ich rechne | du rechnest | sie rechnet |

| | | | |
|---|---|---|---|
| spielen | wir spielen | ihr spielt | sie spielen |
| gehen | wir gehen | ihr geht | sie gehen |
| rechnen | wir rechnen | ihr rechnet | sie rechnen |

# LÖSUNGEN

Seite 30:

| | | | |
|---|---|---|---|
| spielen | ich werde spielen | du wirst spielen | sie wird spielen |
| gehen | ich werde gehen | du wirst gehen | er wird gehen |
| rechnen | ich werde rechnen | du wirst rechnen | sie wird rechnen |

| | | | |
|---|---|---|---|
| spielen | wir werden spielen | ihr werdet spielen | sie werden spielen |
| gehen | wir werden gehen | ihr werdet gehen | sie werden gehen |
| rechnen | wir werden rechnen | ihr werdet rechnen | sie werden rechnen |

Seite 32:

| | | | |
|---|---|---|---|
| spielen | ich habe gespielt | du hast gespielt | er hat gespielt |
| gehen | ich bin gegangen | du bist gegangen | sie ist gegangen |
| rechnen | ich habe gerechnet | du hast gerechnet | er hat gerechnet |

| | | | |
|---|---|---|---|
| spielen | wir haben gespielt | ihr habt gespielt | sie haben gespielt |
| gehen | wir sind gegangen | ihr seid gegangen | sie sind gegangen |
| rechnen | wir haben gerechnet | ihr habt gerechnet | sie haben gerechnet |

Seite 34:

| | | | |
|---|---|---|---|
| spielen | ich spielte | du spieltest | sie spielte |
| gehen | ich ging | du gingst | er ging |
| rechnen | ich rechnete | du rechnetest | sie rechnete |

| | | | |
|---|---|---|---|
| spielen | wir spielten | ihr spieltet | sie spielten |
| gehen | wir gingen | ihr gingt | sie gingen |
| rechnen | wir rechneten | ihr rechnetet | sie rechneten |

Seite 35:

| | | | |
|---|---|---|---|
| malen | ich malte | du maltest | er malte |
| sagen | ich sagte | du sagtest | sie sagte |
| bauen | ich baute | du bautest | sie baute |

| | | | |
|---|---|---|---|
| malen | wir malten | ihr maltet | sie malten |
| sagen | wir sagten | ihr sagtet | sie sagten |
| bauen | wir bauten | ihr bautet | sie bauten |

Seite 36:

| | | | |
|---|---|---|---|
| schreiben | ich schrieb | du schriebst | sie schrieb |
| rufen | ich rief | du riefst | er rief |
| schlafen | ich schlief | du schliefst | es schlief |

| | | | |
|---|---|---|---|
| schreiben | wir schrieben | ihr schriebt | sie schrieben |
| rufen | wir riefen | ihr rieft | sie riefen |
| schlafen | wir schliefen | ihr schlieft | sie schliefen |

Seite 37:

| | | | | |
|---|---|---|---|---|
| essen | ich aß | er aß | wir aßen | sie aßen |
| sitzen | ich saß | er saß | wir saßen | sie saßen |
| fahren | ich fuhr | sie fuhr | wir fuhren | sie fuhren |
| laufen | ich lief | sie lief | wir liefen | sie liefen |
| fallen | ich fiel | er fiel | wir fielen | sie fielen |
| liegen | ich lag | er lag | wir lagen | sie lagen |
| schwimmen | ich schwamm | sie schwamm | wir schwammen | sie schwammen |

Seite 38:

| |
|---|
| schreiben: weiterschreiben, zusammenschreiben, mitschreiben, ausschreiben, hinschreiben, vorschreiben, . . . |
| gehen: ausgehen, vorbeigehen, zurückgehen, nachgehen, hinuntergehen, hingehen, vorübergehen, vorausgehen, . . . |
| kommen: auskommen, ankommen, weiterkommen, herkommen, herunterkommen, vorbeikommen, zurückkommen, . . . |

Seite 40:

| | | | |
|---|---|---|---|
| gehen: | gehen – ging – gegangen | singen: | singen – sang – gesungen |
| laufen: | laufen – lief – gelaufen | turnen: | turnen – turnte – geturnt |
| malen: | malen – malte – gemalt | schreiben: | schreiben – schrieb – geschrieben |

Seite 44:

| | | |
|---|---|---|
| hoch | höher | am höchsten |
| nahe | näher | am nächsten |
| viel (viele) | mehr | am meisten |
| gern | lieber | am liebsten |
| gut | besser | am besten |
| teuer | teurer | am teuersten |

Seite 45:

Der Baum ist **gleich hoch wie** unser Haus.

Ich kann **nicht so schnell** gehen **wie** mein Papa.

Papas Schuhe sind fast **doppelt so groß wie** meine.

Nichts schmeckt mir **so gut wie** die Torte, die meine Oma immer macht.

Mein kleiner Bruder wiegt nicht einmal **halb so viel wie** ich.

Seite 46:

Ich kann jetzt viel **besser** lesen **als** in der zweiten Klasse.

Heute ist es **kälter als** gestern.

Bist du **größer** oder **kleiner als** ich?

Der Turm ist **höher als** alle Häuser in der Umgebung.

Du hast **mehr** Buntstifte **als** ich.

Dieses Buch ist **spannender als** alle Bücher, die ich bisher gelesen habe.

Mein Bruder ist zwei Jahre **jünger als** ich.

Diesmal habe ich den Ball 35 cm **weiter** geworfen **als** letztes Mal!

Darf ich heute bitte ein bisschen **länger** fernsehen **als** gestern?

Seite 48:

| | | | |
|---|---|---|---|
| rau | glatt | hell | dunkel |
| alt | jung | laut | leise |
| dünn | dick | voll | leer |
| klein | groß | | |

Seite 52:

Pr Pr Pr Pr
Der Hund hat gefressen. Wir müssen rechnen. Ich möchte lesen. Emma ist weitergelaufen.
Pr Pr Pr
Die Oma kann kochen. Meine Mama ist heimgekommen. Mein Papa wird einkaufen gehen.

Seite 53:

Pr Pr Pr
Die Kinder können schwimmen. Meine Freunde und Freundinnen sind nett. Ich mag lesen.
Pr Pr Pr Pr
Eine Ameise ist winzig. Die Lehrerin will anfangen. Der Papa hat angerufen. Der Adler fliegt.
Pr Pr Pr Pr
Ich bin freundlich. Meine Schwester geht spielen. Lukas möchte hinausgehen. Das Baby lacht.
Pr Pr Pr Pr
Eine Wespe kann stechen. Der Bub will rennen. Dieser Baum ist hoch. Die Kinder wollen klettern.
Pr Pr Pr Pr
Die Biene summt. Ein Gepard ist schnell! Das Mädchen wird schwimmen gehen. Ich male.

Seite 55:

S Pr S Pr S Pr S Pr S Pr
Meine Oma ist gekommen. Die Kinder haben gearbeitet. Ein Löwe kann brüllen. Das Baby ist müde. Ich habe gegessen.

Seite 59:

S Pr 0 4 Pr S Pr 0 3 S Pr
Miron möchte ein Schnitzel essen. Diese Schultasche gehört meinem Freund. Die Ameise ist stark.
S Pr 0 4 Pr S Pr 0 4 Pr S Pr 0 4
Die Kinder müssen die Aufgabe machen. Der Bub will das Pferd streicheln. Emma nimmt einen Apfel.
S Pr 0 3 Pr S Pr 0 4 Pr S Pr
Daria möchte einer Fee begegnen. Die Katze hat eine Maus gefangen. Ich will spielen gehen.

Seite 61:

Unsere Katze (S) hat (Pr) vor zwei Tagen (ZE) eine Maus (O 4) gefangen (Pr). Ich (S) werde (Pr) am Abend (ZE) früh (ZE) schlafen gehen (Pr).

Daria (S) hat (Pr) voriges Jahr (ZE) eine Gottesanbeterin (O 4) entdeckt (Pr). Am Nachmittag (ZE) wird (Pr) Lukas (S) klettern gehen (Pr).

Die Kinder (S) müssen (Pr) am Nachmittag (ZE) die Aufgabe (O 4) machen (Pr). In den Ferien (ZE) können (Pr) wir (S) länger (ZE) schlafen (Pr).

Seite 63:

| | | |
|---|---|---|
| Emma klettert gerne auf einen Baum (OE 4). | Wohin klettert sie? | → auf einen Baum (OE 4) |
| Emma sitzt auf dem Baum (OE 3). | Wo sitzt sie? | → auf dem Baum (OE 3) |
| Die Kinder spielen hinter dem Haus (OE 3). | Wo spielen sie? | → hinter dem Haus (OE 3) |
| Die Kinder laufen hinter das Haus (OE 4). | Wohin laufen sie? | → hinter das Haus (OE 4) |
| Der Ball rollt unter das parkende Auto (OE 4). | Wohin rollt er? | → unter das parkende Auto (OE 4) |
| Der Ball liegt unter dem parkenden Auto (OE 3). | Wo liegt er? | → unter dem parkenden Auto (OE 3) |

Seite 65:

| | | |
|---|---|---|
| Die Kinder hören aufmerksam (AE) zu. | **Wie** hören sie zu? | → aufmerksam (AE) |
| Ich will wirklich (AE) schwimmen gehen! | **Wie (auf welche Art)** will ich schwimmen gehen? | → wirklich (AE) |
| Spinat mag ich gar nicht (AE). | **Wie** mag ich Spinat? | → gar nicht (AE) |
| Hoffentlich (AE) werden wir rechnen! | **Wie (auf welche Art)** werden wir rechnen? | → hoffentlich (AE) |
| Miron schreibt am liebsten (AE) Gedichte. | **Auf welche Art** schreibt er Gedichte? | → am liebsten (AE) |
| Lukas schreibt konzentriert (AE). | **Wie** schreibt er? | → konzentriert (AE) |
| Heute haben wir kaum (AE) gelesen. | **Auf welche Art** haben wir gelesen? | → kaum (AE) |
| Emma möchte auf keinen Fall (AE) schaukeln. | **Auf welche Art** möchte sie schaukeln? | → auf keinen Fall (AE) |
| Daria schaukelt hoch (AE)! | **Wie** schaukelt sie? | → hoch (AE) |
| Die Kinder singen unglaublich schön (AE). | **Wie** singen die Kinder? | → unglaublich schön (AE) |

Seite 66:

Die Leute gehen (Pr) langsam (AE). Der Ball springt (Pr) hoch (AE). Dieser Baum ist hoch (Pr). Die Mama ist müde (Pr).
Viele Kinder schreiben (Pr) schön (AE). Am Abend ist (Pr) es gemütlich (AE). Der Papa kommt (Pr) nervös (AE) nach Hause.
Die U-Bahn fährt (Pr) schnell (AE). Das Baby ist unruhig (Pr). Die Eltern warten (Pr) geduldig (AE).

Seite 67:

ZE Pr S ZE Pr ZE Pr S AE Pr
Am Abend gehen wir rechtzeitig schlafen. Heute haben wir sehr konzentriert gearbeitet.

S Pr S Pr AE S Pr ZE AE
Manche Kinder sind wild. Emma klettert gerne. Alle Kinder grüßen in der Früh höflich.

S Pr O 4 ZE AE ZE Pr S O 3
Ich überquere eine Straße immer vorsichtig. Vor den Ferien danken die Kinder dem Lehrer.

S Pr AE O 4 OE 3 Pr S
Meine Freunde und ich lesen gerne spannende Bücher. Neben dem Tisch stehen vier Sessel.

S Pr AE ZE ZE Pr S O 4
Das Baby schläft gut. Heute am Nachmittag bekommt Emma ein neues Fahrrad.

ZE Pr S O 4 Pr ZE Pr S
Seit einiger Zeit können wir die Satzteile bestimmen. Bald beginnen die Sommerferien.

ZE Pr S OE 4 Pr S Pr AE Pr
Nach den Ferien werden wir in die nächste Schule gehen. Manche Kinder sind ein bisschen nervös.

ZE Pr S Pr S Pr AE S Pr AE Pr
Jetzt sind wir groß. Wir arbeiten fleißig. Unsere Lehrerin ist sehr zufrieden.

Seite 51:

Die folgenden **Sätze** sind in **Satzglieder zerlegt**. Schreib sie ab und mach die **Verschiebeprobe**.

| | | |
|---|---|---|
| Mein Papa | kocht | Nudelsuppe. |

| | | |
|---|---|---|
| Auf der Straße | fahren | viele Autos. |

| | | | | |
|---|---|---|---|---|
| In der Schule | haben | wir | oft | lustige Stunden. |

Seite 51:

Hier findest du **noch einige Mustersätze für Verschiebeproben.**

- Schreib sie auf Papierstreifen, **zerschneide sie in einzelne Satzglieder** und verschiebe die Teile.
- Ergeben die Sätze Sinn? (Die Groß- und Kleinschreibung brauchst du dabei nicht zu beachten.)
- **Wenn ja, hast du richtig erkannt,** welche Wörter zusammen ein Satzglied ergeben.
- **Wenn nicht, überlege gut,** warum. Versuch auf den Fehler draufzukommen.
- Dann schreib den Satz neu auf und zerschneide ihn.

Ich gehe jeden Tag in die Schule.

Ich muss jeden Tag Hausübungen machen.

Am Abend kommt mein Papa nach Hause.

Morgen werde ich mit dem Rad in die Schule fahren.

**Tipp:** Du kannst dir **auch eigene Sätze überlegen!**

Seite 44R:

| | | | | | |
|---|---|---|---|---|---|
| Schuhe | Schu=he | Sommer | Som=mer | Ärzte | Ärz=te |
| Winter | Win=ter | Wanne | Wan=ne | Fenster | Fens=ter |
| Apfel | Ap=fel | Wetter | Wet=ter | Impfung | Imp=fung |
| Wolke | Wol=ke | Suppe | Sup=pe | Bürste | Bürs=te |
| spitzen | spit=zen | rennen | ren=nen | wachsen | wach=sen |
| springen | sprin=gen | klettern | klet=tern | stampfen | stamp=fen |
| hüpfen | hüp=fen | treffen | tref=fen | wechseln | wech=seln |

Seite 36R (Lernzielkontrolle):

Die Lehrerin ruft: „Kinder, stellt euch bitte an!"
„Bist du mit der Hausübung fertig?", fragt die Mama.
„Schau vor dem Überqueren der Fahrbahn immer nach links und nach rechts!", ermahnt der Papa.
Miron erkundigt sich: „Von wem wirst du heute abgeholt?"
„Früher waren viel mehr Kinder in einer Klasse", erzählt die Oma.
Emma jammert: „Au, mich hat eine Biene gestochen!"
„Heute gibt es keine Dinosaurier mehr", erklärt Lukas seiner kleinen Kusine.
„Hast du schon einmal eine Giftschlange gesehen?", will Daria wissen.

Seite 40R:

*fei=ern, schau=en, freu=en, teu=er, Spi=on, Mau=er*
Me=ter, le=sen, Va=se, dre=hen, Da=me, Häu=ser, trau=rig, ra=ten

Seite 41R:

| | | | | | |
|---|---|---|---|---|---|
| Tasche | Ta=sche | Fächer | Fä=cher | Socken | So=cken |
| Wäsche | Wä=sche | Woche | Wo=che | Brücke | Brü=cke |
| Büschel | Bü=schel | Becher | Be=cher | Decke | De=cke |
| Böschung | Bö=schung | Eiche | Ei=che | Hocker | Ho=cker |
| waschen | wa=schen | lachen | la=chen | wecken | we=cken |
| tauschen | tau=schen | suchen | su=chen | packen | pa=cken |
| fischen | fi=schen | brauchen | brau=chen | bücken | bü=cken |
| rascheln | ra=scheln | kriechen | krie=chen | stricken | stri=cken |

Seite 43R:

ru=hig, stür=misch, we=nig, mu=tig, fantas=tisch, langwei=lig, zor=nig, Ord=nung

Seite 29R:

Bald komme ich zu **Ihnen**. Ich freue mich schon sehr auf **Ihren** guten Kuchen. Niemand kann so gut backen wie **Sie**! Am liebsten habe ich **Ihren** Marillenkuchen. Können **Sie** mir bitte gleich einen machen, wenn ich zu **Ihnen** komme? Auch **Ihre** Palatschinken sind einfach spitze!

Seite 30R (Lernzielkontrolle): :

Heute ist schönes Wetter. Ich freue mich schon auf das Handballspielen mit meinen Freunden! Mirons Papa wird auch dabei sein. Er hat früher Handball gespielt und bringt uns viel Wichtiges bei. Die meisten Kinder können den Ball schon super fangen. Auch beim Ballwerfen sind wir gut. Das Handballspielen ist unser Hobby geworden!

Seite 34R:

„Ich gehe ein bisschen Rad fahren!", ruft Emma.
„Vergiss deinen Helm nicht!", erinnert sie die Mama.

„Das Essen steht auf dem Tisch!", ruft der Papa.
„Fein, wir kommen schon!", jubeln die Kinder.

„Soll ich das Besteck einräumen?", fragt Miron.
„Ja, bitte, dann kann ich inzwischen die Blumen gießen!", meint die Mama.

Seite 35R:

„Heute nach der Schule holt dich die Oma ab", erklärt der Papa.
„In Österreich gibt es sehr viele hohe Berge", berichtet Miron.
„Ich überquere die Fahrbahn immer auf dem Zebrastreifen", sagt Lukas.
„Leider gibt es immer weniger Schmetterlinge", meint der Opa.

## Seite 17R:

| |
|---|
| Wir helfen einander gern. Unsere Lehrerin freut sich über unsere **Hilfsbereitschaft**. |
| Emma hatte einen Rechenfehler. Jetzt macht sie die **Verbesserung**. |
| Wir konstruieren ein Quadrat. Dabei ist **Genauigkeit** wichtig. |
| Wenn wir in die nächste Schule gehen, werden wir immer wieder eine **Prüfung** haben. |
| Wenn man mit anderen Menschen beisammen ist, ist **Höflichkeit** wichtig. |
| Meine Mama freut sich, wenn ich in meinem Zimmer **Ordnung** halte. |
| Wir vertragen uns gut. Streit ist bei uns eine **Seltenheit**. |
| Lukas hat morgen ein Referat. Er ist mit der **Vorbereitung** schon fast fertig. |

## Seite 19R:

| Adjektive | Nomen | Verb | Nomen |
|---|---|---|---|
| wirklich | die Wahrheit | konzentrieren | die Konzentration |
| müde | die Sturheit | rechnen | die Rechnung |
| höflich | die Höflichkeit | vorbereiten | die Vorbereitung |
| selten | die Seltenheit | bilden | die Bildung |
| weise | die Weisheit | üben | die Übung |
| freundlich | die Freundlichkeit | prüfen | die Prüfung |
| gesund | die Gesundheit | erholen | die Erholung |
| hilfsbereit | die Hilfsbereitschaft | unterrichten | der Unterricht |
| aufmerksam | die Aufmerksamkeit | meinen | die Meinung |

## Seite 20R (Beispiele):

| | |
|---|---|
| der Schulweg | die Frühlingsknotenblume |
| das Geschichtenheft | die Kinderbuchhandlung |
| die Schultasche | der Fußballplatz |

Der Artikel richtet sich immer nach dem letzten Wort.

## Seite 21R:

| | |
|---|---|
| die Laufschuhe | das Warmwasser |
| der Gehweg | der Starkregen |
| der Turnsaal | das Hochhaus |
| die Fahrbahn | der Buntspecht |
| das Schreibheft | die Schnellbahn |

# LÖSUNGEN

Seite 10R:

| Einzahl | Mehrzahl | Verkleinerung | Zusammensetzungen |
|---|---|---|---|
| der Baum | die Bäume | das Bäumchen | der Apfelbaum, der Baumwipfel, das Nussbäumchen, der Baumstamm, . . . |
| der Zahn | die Zähne | das Zähnchen | der Zahnarzt, die Milchzähne, die Zahnpasta, die Zahnbürste, . . . |
| die Maus | die Mäuse | das Mäuschen | die Feldmaus, das Mäusenest, das Mauseloch, die Mäusejungen, . . . |
| das Haus | die Häuser | das Häuschen | das Holzhäuschen, das Wohnhaus, das Reihenhaus, das Hausdach, . . . |
| die Hand | die Hände | das Händchen | die Kinderhand, das Handtuch, das Babyhändchen, . . . |
| das Rad | die Räder | das Rädchen | der Radfahrer, die Autoräder, das Uhrenrädchen, die Fahrräder, . . . |

Seite 11R (Beispiele):

| Nennform | Gegenwart | | lange Vergangenheit |
|---|---|---|---|
| **spielen** | ich spiele | du spielst | ich habe gespielt |
| **gehen** | ich gehe | du gehst | sie ist gegangen |
| **essen** | ich esse | du isst | er hat gegessen |
| **fahren** | ich fahre | du fährst | ich bin gefahren |
| **laufen** | ich laufe | du läufst | er ist gelaufen |
| **gießen** | ich gieße | du gießt | ich habe gegossen |
| **schwimmen** | ich schwimme | du schwimmst | sie ist geschwommen |

Seite 13R:

| |
|---|
| das Blatt, kalt, stark, krank, laufen,<br>die Wahl, nach |

# Eine besondere Abteilregel

**Stehen zwischen zwei Selbstlauten mehrere Mitlaute, kommt nur der letzte Mitlaut zur nächsten Silbe:**

| ein oder zwei Mitlaute | | doppelte Mitlaute | | mehrere Mitlaute | |
|---|---|---|---|---|---|
| Schuhe | | Sommer | Som=mer | Ärzte | |
| Winter | | Wanne | | Fenster | |
| Apfel | | Wetter | | Impfung | |
| Wolke | | Suppe | | Bürste | |
| spitzen | | rennen | | wachsen | |
| springen | | klettern | | stampfen | |
| hüpfen | | treffen | | wechseln | |

(Lösung Seite 49R)

**So kannst du weiterarbeiten:** Schreib ähnliche Wörter ins Heft, teile sie ab.

# Viele Wörter werden nach Sprechsilben abgeteilt

(Du kannst beim Sprechen die Silben mitklatschen)

**Nachsilben, die mit einem Selbstlaut beginnen** (-ig, -isch, -ung), **werden nur dann alleine abgetrennt, wenn davor ein Selbstlaut steht:**

Betreu=ung, einei=ig,

*Vielleicht findest du hier noch einige Wörter dazu.*

**Stehen vor diesen Nachsilben** (-ig, -isch, -ung) **Mitlaute, werden sie mitsamt <u>einem</u> Mitlaut abgetrennt** (Dann gelten dieselben Regeln **wie auf Seite 40R und 44R**):

ei=nig, kin=disch, lau=nisch, rich=tig, Nah=rung, Verbesse=rung,

*Schreib **abgeteilte Wörter** dazu: ruhig, stürmisch, wenig, mutig, fantastisch, langweilig, zornig, Ordnung, . . .*

(Lösung Seite 48R)

# Viele Wörter werden nach Sprechsilben abgeteilt

(Du kannst beim Sprechen die Silben mitklatschen)

**Vorsilben können abgetrennt werden:**

be=stimmen, ver=stecken, vor=fahren, ab=stauben, auf=setzen, ent=decken,

*Schreib eigene Wörter **mit Vorsilben** dazu und teile sie ab.*

**Nachsilben, die mit einem Mitlaut beginnen, können abgetrennt werden:**

herr=lich, wunder=bar, selt=sam, Gesund=heit, Freundlich=keit, Gesell=schaft,

**So kannst du weiterarbeiten:**

- Schreib **Namenwörter** mit den Nachsilben **-heit, -keit, -schaft, -nis** auf und teile sie ab.
- Schreib **Eigenschaftswörter** mit den Nachsilben **-lich, -sam, -bar** auf und teile sie ab.

# Viele Wörter werden nach Sprechsilben abgeteilt

(Du kannst beim Sprechen die Silben mitklatschen)

**ck, ch, sch** (auch ph, rh, sh, th) **werden als ein Laut gesprochen. Sie kommen zur nächsten Silbe:**

| | | | | | |
|---|---|---|---|---|---|
| Tasche | Ta=sche | Fächer | Fä=cher | Socken | So=cken |
| Wäsche | | Woche | | Brücke | |
| Büschel | | Becher | | Decke | |
| Böschung | | Eiche | | Hocker | |
| waschen | | lachen | | wecken | |
| tauschen | | suchen | | packen | |
| fischen | | brauchen | | bücken | |
| rascheln | | kriechen | | stricken | |

(Lösung Seite 48R)

**So kannst du weiterarbeiten:** Schreib **Wörter mit ck, ch und sch** ins Heft, teile sie ab.

# Viele Wörter werden nach Sprechsilben abgeteilt

(Du kannst beim Sprechen die Silben mitklatschen)

**Zwischen Selbstlauten, die zu verschiedenen Silben gehören, kann getrennt werden:**

bau=en, heu=er, Ei=er, Muse=um, Feri=en,

*Schreib **abgeteilte Wörter** dazu: feiern, schauen, freuen, teuer, Spion, Mauer, . . .* (Lösung Seite 48R)

**Steht zwischen zwei Vokalen ein einzelner Mitlaut** (auch **stummes h**), **kommt er zur nächsten Silbe:**

sa=gen, re=den, se=hen, Re=he, Lö=we, nö=tig, ru=hig,

*Schreib **abgeteilte Wörter** dazu: Meter, lesen, Vase, drehen, Dame, Häuser, traurig, raten, . . .* (Lösung Seite 48R)

**So kannst du weiterarbeiten:** Schreib **Wörter zu diesen beiden Regeln** ins Heft, teile sie ab.

# Manche Wörter kann man nicht abteilen

**Einsilbig gesprochene Wörter können nicht abgeteilt werden.**

| |
|---|
| Wald, Kind, rasch, glatt, viel, Angst, Reh, |

*Schreib eigene Wörter mit einer Silbe dazu.*

**Einzelne Selbstlaute am Wortanfang oder Wortende werden nicht abgetrennt.** Beispiele:

| | | | |
|---|---|---|---|
| A, Ä | Abend, Acker, aßen, | O, Ö | bio; O\|fen, oben, oval , |
| E | neue; Ecke, E\|feu, eben, | U, Ü | U\|fer, Übung, üben, über, |
| I | Idee, Igel, ideal, | | |

*Ergänze die Liste, wenn du auf Wörter triffst, die dazupassen.*

# Zusammengesetzte Wörter abteilen

**Besteht ein Wort aus mehreren Wörtern, teile dort ab, wo die Wörter aneinandergefügt sind:**

| Zusammengesetzte Nomen trennen | | Zusammengesetzte Verben trennen | |
|---|---|---|---|
| das Wohnhaus | das Wohn=haus | einräumen | |
| die Volksschule | | abschreiben | |
| der Buntstift | | hinaufschauen | |
| der Schulhof | | zurückkommen | |
| die Tiefgarage | | zusammenlegen | |
| der Werkraum | | auseinanderschneiden | |
| das Federpennal | | hinunterlaufen | |

*Arbeite allein oder zusammen mit einem zweiten Kind.*

**So kannst du im Heft weiterarbeiten:** Schreib zusammengesetzte **Nomen** und **Verben** auf und teile sie ab.

# Wörter abteilen

**Manchmal möchtest du beim Schreiben Wörter abteilen.** Beachte dabei aber:

**Abgeteilte Wörter erschweren das Lesen des Textes.** Wenn du einen Text schreibst, **vermeide** es daher nach Möglichkeit, **Wörter am Zeilenende abzuteilen.** Wenn du besonders **lange Wörter** doch abteilen willst, solltest du sie **immer nach ganzen Wörtern trennen** (*Frühlings=beginn, hinunter=fahren, himmel=blau*), damit dein Text ohne Mühe zu lesen ist.

In der Schule lernst du einige Regeln für das Abteilen:

- Manche Wörter kann man **gar nicht abteilen**. Welche sind das?
- **Viele Wörter** werden **nach Sprechsilben** abgeteilt.
- **Eine besondere Abteilregel**

Zu diesen Punkten findest du auf den nächsten Seiten hilfreiche Übungen.

# Die Zeichensetzung bei der direkten Rede (Lernzielkontrolle)

Auf dieser Seite kannst du kontrollieren, ob du dir nun beim Setzen der Satzzeichen sicher bist:

Die Lehrerin ruft  Kinder, stellt euch bitte an

Bist du mit der Hausübung fertig  fragt die Mama.

Schau vor dem Überqueren der Fahrbahn immer nach links und nach rechts  ermahnt der Papa.

Miron erkundigt sich  Von wem wirst du heute abgeholt

Früher waren viel mehr Kinder in einer Klasse  erzählt die Oma.

Emma jammert  Au, mich hat eine Biene gestochen

Heute gibt es keine Dinosaurier mehr  erklärt Lukas seiner kleinen Kusine.

Hast du schon einmal eine Giftschlange gesehen  will Daria wissen.

*Kontrolle: 3 Rufsätze, 3 Fragesätze, 2 Aussagesätze*

(Lösung Seite 48R)

Zwei Fehler oder weniger: **Du kennst dich schon sehr gut aus!**

**Tipp,** wenn du mehr Fehler hast: **Bei welcher Art von Sätzen** hast du noch Schwierigkeiten? Arbeite den betreffenden Abschnitt noch einmal durch. Schreib ähnliche Beispiele ins Heft.

# Die Reihenfolge der Satzzeichen

Oft besteht die direkte Rede aus einem **Aussagesatz**. Am Ende eines Aussagesatzes steht ein Punkt. Für die Zeichensetzung gilt in diesem Fall eine besondere Regel:

Steht die direkte Rede *vor* dem Begleitsatz, wird **nach Aussagesätzen kein Punkt gesetzt**.

„Gleich wird es regnen", meint die Mama.

„Ich lese gerade ein interessantes Buch", erzählt Miron.

Schau auf die Beispiele oben und setz alle Satzzeichen ein:

Heute nach der Schule holt dich die Oma ab erklärt der Papa.

In Österreich gibt es sehr viele hohe Berge berichtet Miron.

Ich überquere die Fahrbahn immer auf dem **Z**ebrastreifen sagt Lukas.

Leider gibt es immer weniger Schmetterlinge meint der Opa.

(Lösung Seite 47R)

**So kannst du im Heft weiterarbeiten:** Schreib ähnliche Beispiele auf.

# Die Reihenfolge der Satzzeichen

**Satzzeichen am Ende der Rede:** Ruf- oder Fragezeichen, Anführungszeichen oben, Beistrich

Nach dem Beistrich schreibst du klein weiter.

In den folgenden **Zwiegesprächen (= Dialogen)** findest du **nur Rufsätze und Fragesätze**.

Setz alle Satzzeichen deutlich ein:

Ich gehe ein bisschen Rad fahren      ruft Emma.

Vergiss deinen Helm nicht      erinnert sie die Mama.

Das Essen steht auf dem Tisch      ruft der Papa.

Fein, wir kommen schon      jubeln die Kinder.

Soll ich das Besteck einräumen      fragt Miron.

Ja, bitte, dann kann ich inzwischen die Blumen gießen      meint die Mama.

*Vergleiche dein Ergebnis mit einem Partnerkind.* ***Achtet besonders auf alle Satzzeichen!*** (Lösung Seite 47R)

**So kannst du im Heft weiterarbeiten:** Schreib ähnliche **Zwiegespräche** (= **Dialoge**) auf.

# Die Reihenfolge der Satzzeichen

Du kannst auch **zuerst** aufschreiben, **was jemand sagt**, und **erst dann**, **wer spricht**:

„Kommst du schon?“, fragt Emma.

„Gleich, ich muss nur noch den Ball holen!“, meint Miron.

Zeichne dieses **Zwiegespräch** (diesen **Dialog**) als Comic auf:

# Die Reihenfolge der Satzzeichen

**Zwei Menschen sprechen miteinander:**

Wenn man dieses **Gespräch in einem Text aufschreibt**, muss man **deutlich erkennen, wer was sagt.** Statt der Sprechblasen setzt du **zu Beginn und am Ende der Rede Redezeichen** (=**Anführungszeichen**):

Daria fragt: „Magst du heute Nachmittag auf den Spielplatz kommen?"

Lukas antwortet: „Ja, ich komme, sobald ich mit der Hausübung fertig bin!"

**So kannst du im Heft weiterarbeiten:** Denk dir Zwiegespräche aus und schreib sie auf.

# Zeichensetzung bei der direkten Rede

Wenn du beim Schreiben die **direkte Rede** verwendest, **muss deutlich erkannt werden, was jede Person sagt**. Die direkte Rede muss daher **gekennzeichnet** werden. Die **Zeichen** dafür nennt man **Anführungszeichen. Am Anfang** der Rede stehen sie **unten** („), **am Ende oben** (“).

Du hast dabei mehrere Möglichkeiten:

- Du schreibst **zuerst den Begleitsatz** (= Erklärung, wer spricht), **dann die direkte Rede:**
  *Die Mama ruft: „Komm essen!“*
- Du schreibst **zuerst, was die Person sagt, dann** erklärst du, **wer spricht:**
  *„Ja, ich komme!“, ruft Miron.*
- Du **schreibst auf, was die Person sagt**, und **fügst** dazwischen **ein, wer spricht:**
  *„Ja“, ruft Miron, „ich komme!“*

**Zu den beiden ersten Punkten** kannst du auf den folgenden Seiten üben. (**Vielleicht** kannst du dir aber auch schon **merken**, wie man den **Begleitsatz** dazwischen einfügt!)

# Großschreibung (Lernzielkontrolle)

HEUTE IST SCHÖNES WETTER. ICH FREUE MICH SCHON AUF DAS BALLSPIELEN MIT MEINEN FREUNDEN! MIRONS PAPA WIRD AUCH DABEI SEIN. ER HAT FRÜHER HANDBALL GESPIELT UND BRINGT UNS VIEL WICHTIGES BEI. DIE MEISTEN KINDER KÖNNEN DEN BALL SCHON SUPER FANGEN. AUCH BEIM BALLWERFEN SIND WIR GUT. Das HANDBALLSPIELEN IST UNSER HOBBY GEWORDEN!

Schreib diesen Text in deiner Schrift auf:

(Lösung Seite 47R)

# Die Anredefürwörter „Sie“, „Ihnen“, „Ihr“, . . . schreibt man groß

Das ist ein Teil von Emmas Brief an ihre Oma:

*Bald komme ich zu dir. Ich freue mich schon sehr auf deinen guten Kuchen. Niemand kann so gut backen wie du! Am liebsten habe ich deinen Marillenkuchen. Kannst du mir bitte gleich einen machen, wenn ich zu dir komme? Auch deine Palatschinken sind einfach spitze!*

Wenn Miron den Brief geschrieben hätte – wie hätte er schreiben müssen?

(Lösung Seite 47R)

# Die Anredefürwörter „Sie“, „Ihnen“, „Ihr“, . . . schreibt man groß

Emmas Oma hat einen Bauernhof. Miron ist mit Emma gut befreundet und darf mit ihr zusammen eine Woche auf diesem Bauernhof verbringen. Er schreibt an Emmas Oma einen Brief:

Liebe Frau Pucher!

Danke, dass ich in den Ferien eine Woche bei Ihnen verbringen darf! Am Samstag werde ich zusammen mit Emma zu Ihnen kommen. Ich freue mich schon sehr darauf. Emma hat mir schon viel von Ihnen und Ihren Tieren erzählt. Ich kann es kaum erwarten, Ihre Kühe und Ihre Schafe zu sehen! Sehr gerne würde ich Ihnen ein bisschen bei Ihrer Arbeit helfen. Ich stelle es mir schön vor, mit Ihnen und Emma zusammen die Tiere zu füttern oder den Stall auszumisten. Wenn Sie mir alles erklären, schaffe ich das bestimmt.

Ganz liebe Grüße an Sie von mir und auch von Emma. Bis bald!

Miron

Da Miron Emmas Oma nicht sehr gut kennt, verwendet er die **höfliche Anredeform**. Er schreibt **alle Anredefürwörter mit großem Anfangsbuchstaben**.

Kennzeichne die **Anredefürwörter** mit Buntstift. *(Eine Kontrolle für dich: Es sind **11 Anredefürwörter**.)*

# Als Nomen gebrauchte Adjektive schreibt man groß

Auch nach dem Wort **alles** wird ein **Adjektiv als Nomen verwendet**:

*alles Gute, alles Neue, . . .*

Setz **Wörter aus der Tabelle** oder **eigene Wörter** in den Text ein:

Heute haben wir in der Schule **viel** ____________________ gelernt.

Gibt es bei dir **etwas**__________________?

Ich wünsche dir **alles** ________________ zum Geburtstag!

Vorige Woche habe ich auf dem Spielplatz **etwas** ____________________ erlebt.

Ich schreibe mir immer **alles** ______________________ auf.

Heute habe ich noch **wenig** ________________ gegessen.

Am Wochenende ist **nichts** ____________________ vorgefallen.

*Vergleiche mit einem zweiten Kind. Kontrolliert besonders **die Großschreibung** und **die Wortendungen**!*

# Als Nomen gebrauchte Adjektive (Eigenschaftswörter) schreibt man groß

Nach etwas, nichts, viel, wenig wird ein Adjektiv als Nomen gebraucht.

**Wichtig:** Nach diesen Wörtern bekommt das **Adjektiv eine besondere Endung:**

| | etwas | nichts | viel | wenig |
|---|---|---|---|---|
| schön | etwas Schönes | | | |
| neu | | | | wenig Neues |
| gut | | | | |
| wichtig | | | viel Wichtiges | |
| süß | | | | |
| interessant | | | | |
| besonders | | nichts Besonderes | | |

*Vervollständige die Tabelle. Kontrolliere besonders* ***die Großschreibung*** *und* ***die Wortendungen!***

# Namen von Hobbys schreibt man groß

Lukas, Daria, Emma und Miron haben **viele Hobbys**:

Lesen, Fußballspielen, Malen, Volleyballspielen, Klettern, Geschichtenschreiben, Schifahren, Radfahren, Rodeln, Tennisspielen, Rätsellösen, Schwimmen, Bergwandern, Eisessen, Frisbeespielen, Turnen

Du siehst: Für die **Schreibweise der Hobbys** gilt dieselbe Regel wie für **als Nomen gebrauchte Verben**.

Ist manches davon auch dein Hobby? Kennst du jemanden, der eines dieser Hobbys hat? Schreib es auf:

Papas Hobby ist ____________________. Mein ________________________________

________________________________________________________________

________________________________________________________________

________________________________________________________________

________________________________________________________________

*Vergleiche deine Sätze mit einem zweiten Kind. Helft einander beim Kontrollieren der Großschreibung!*

# Als Nomen gebrauchte Verben schreibt man groß

In den folgenden Wörtern steckt ein Artikel: **beim** = **bei dem**, **vom** = **von dem**, **zum** = **zu dem**

Nach zum, beim, vom und dem Artikel wird ein Verb als Nomen gebraucht.

Emma hat **als Nomen gebrauchte Verben** verwendet:

**Vom** Schaukeln wird mir schlecht. **Zum** Bleistiftspitzen verwende ich meinen neuen Spitzer.

Setz für dich passende, **als Nomen gebrauchte Verben** in den Text ein:

**Beim** ______________________ brauche ich Ruhe. Einmal habe ich **vom** ____________________ Seitenstechen bekommen. In der Schule macht mir **das** ________________________ am meisten Spaß. **Beim** _________________________ bin ich einmal gestürzt. In den Ferien macht mir **das** ________________________ immer Freude. Ich verwende **zum** ______________________ am liebsten meine Buntstifte. **Beim** _______________________ trage ich immer einen Helm.

*Vergleiche deine Sätze mit einem zweiten Kind. Kontrolliert besonders die Großschreibung.*

***Beachtet eure verschiedenen Ansichten und Ideen!***

# Als Nomen gebrauchte Verben schreibt man groß

Wenn man eine Tätigkeit genauer ausdrücken will, braucht man manchmal ein zweites Wort dazu.

**Was man fahren kann:** Rad fahren, Auto fahren, Roller fahren, Scooter fahren, Dreirad fahren, . . .

**Was man spielen kann:** Ball spielen, Fußball spielen, Verstecken spielen, Fangen spielen, . . .

Nach dem Artikel schreibt man das Verb
mit dem dazugehörigen Wort zusammen und groß!

Schreib auf, ob Kindern **das Radfahren, das Fußballspielen,** . . . Spaß oder Freude macht:

# Als Nomen gebrauchte Zeitwörter (Verben) schreibt man groß

Nach dem Artikel wird das Verb als Nomen gebraucht.

Miron hat geschrieben:

**Das R**echnen macht mir Spaß. Daria macht **das S**chaukeln Freude. Lukas gefällt **das M**alen sehr.

Was macht dir und den Kindern deiner Klasse Freude und Spaß, was gefällt euch?

# Nomen (Namenwörter) kann man zusammensetzen

**Nomen** kann man **mit Verben** zusammensetzen:

| Verben | Nomen | Nomen | Verben | Nomen | Nomen |
|---|---|---|---|---|---|
| laufen | die Schuhe | die L | fahren | die Bahn | |
| gehen | der Weg | | schreiben | das Heft | |
| turnen | der Saal | | | | |

**Nomen** kann man **mit Adjektiven** zusammensetzen:

| Adjektive | Nomen | Nomen | Adjektive | Nomen | Nomen |
|---|---|---|---|---|---|
| warm | das Wasser | | bunt | der Specht | |
| stark | der Regen | | schnell | die Bahn | |
| hoch | das Haus | | | | |

*Findest du für beide Tabellen auch eigene Wörter?*

(Lösung Seite 46R)

# Nomen (Namenwörter) kann man zusammensetzen

**Nomen** kann man **mit anderen Nomen** zusammensetzen:

| | | |
|---|---|---|
| die Schule | der Weg | der Schulweg |
| die Geschichte | das Heft | |
| die Schule | die Tasche | |
| | | |

| | | | |
|---|---|---|---|
| der Frühling | der Knoten | die Blume | |
| das Kind | das Buch | die Handlung | |
| der Fuß | der Ball | der Platz | |
| | | | |

*Findest du eigene Wörter dazu? Du kannst auch mit einem Partnerkind zusammenarbeiten.*

Hast du schon herausgefunden, **nach welchem Wort sich der Artikel richtet?** ______________________

(Lösungen Seite 46R)

# Namenwörter (Nomen) erkennen

Manche Namenwörter sind von anderen Wortarten abgeleitet.

Such auf den Seiten 16R bis 18R passende Nomen heraus und schreib sie in die Tabelle:

| Adjektive | Nomen | Verb | Nomen |
|---|---|---|---|
| wirklich | die Wirklichkeit | konzentrieren | die K |
| müde | | rechnen | |
| | | | |
| | | | |
| | | | |
| | | | |
| | | | |

*Vergleiche deine Wörter mit einem zweiten Kind. Achte besonders auf die Großschreibung der Nomen!*

(Mögliche Lösungen Seite 46R)

**So kannst du im Heft weiterarbeiten:** Verwende **einige Nomen** in Sätzen.

# Namenwörter (Nomen) erkennen

**Namenwörter (Nomen) sind Bezeichnungen** für verschiedene Begriffe:

| Gefühle | Eigenschaften | häufige Begriffe in der Schule | |
|---|---|---|---|
| der Hunger | der Fleiß | die Idee | das Ende |
| die Angst | die Genauigkeit | die Meinung | die Mitte |
| die Müdigkeit | die Ruhe | der Gedanke | die Frage |
| die Freude | die Konzentration | die Verbesserung | die Antwort |
| der Spaß | die Ordnung | die Übung | die Schularbeit |
| die Zufriedenheit | die Verantwortung | der Unterricht | das Lied |
| | | | |
| | | | |

*Findest du eigene Wörter für jede Spalte? Besprich Möglichkeiten mit einem Partnerkind.*

# Namenwörter (Nomen) erkennen

**Setz die Nomen aus dem Rahmen unten in den Text ein:**

Wir helfen einander gern. Unsere Lehrerin freut sich über unsere ____________________.

Emma hatte einen Rechenfehler. Jetzt macht sie die ____________________.

Wir konstruieren ein Quadrat. Dabei ist ____________________ wichtig.

Wenn wir in die nächste Schule gehen, werden wir immer wieder eine ______________ haben.

Wenn man mit anderen Menschen beisammen ist, ist ____________________ wichtig.

Meine Mama freut sich, wenn ich in meinem Zimmer ________________ halte.

Wir vertragen uns gut. Streit ist bei uns eine ________________.

Lukas hat morgen ein Referat. Er ist mit der __________________ schon fast fertig.

(Lösung Seite 46R)

*Prüfung, Ordnung, Vorbereitung, Hilfsbereitschaft, Genauigkeit, Höflichkeit, Seltenheit, Verbesserung*

# Namenwörter (Nomen) erkennen

| Wörter auf -heit | Wörter auf -keit | Wörter auf -ung | Wörter auf -schaft |
|---|---|---|---|
| die Wahrheit | die Wirklichkeit | die Ordnung | die Botschaft |
| die Sturheit | die Aufmerksamkeit | die Verbesserung | die Gemeinschaft |
| die Gewohnheit | die Traurigkeit | die Meinung | die Wirtschaft |
| | | | |
| | | | |
| | | | |
| | | | |

**Ordne die folgenden Wörter mitsamt dem Artikel ein:** *Freundschaft, Höflichkeit, Eigenschaft, Vorbereitung, Bildung, Weisheit, Freundlichkeit, Gesundheit, Hilfsbereitschaft, Genauigkeit, Prüfung, Müdigkeit, Gelegenheit, Bereitschaft, Schönheit, Erholung, Rechnung*

**Mögliche Weiterarbeit:** Findest du auch eigene Wörter? Schreib sie in dein Heft.

# Die Großschreibung

Viele Namenwörter (Nomen) kennst du schon. Im Teil **SPRACHBETRACHTUNG** findest du auf den Seiten 10 bis 13 noch einmal viel **Wichtiges zu Namenwörtern** als Wiederholung und Festigung.

Auf den folgenden Seiten kannst du an **besonderen Regeln zur Großschreibung** arbeiten:

- **Namenwörter sicher erkennen,**
- **Verben**, die **als Nomen gebraucht** sind,
- **Namen von Hobbys,**
- **Adjektive**, die **als Nomen gebraucht** sind,
- die Anredefürwörter **Sie, Ihnen, Ihr** in Briefen

# Ableitungen (Lernzielkontrolle)

**Eine Wortfamilie.** Schreib vier Wörter dazu:

| |
|---|
| fahren: |

(____ / 4 Punkten)

Bilde **die Mehrzahl und die Verkleinerung:**

| der Zahn | | das Rad | |
|---|---|---|---|
| | | | |

(____ / 4 Punkten)

Bilde die **Personalformen** in der Gegenwart mit **du** und mit **er (sie)**:

| | | |
|---|---|---|
| laufen | du | |
| halten | | |

(____ / 4 Punkten)

**Meine Punkteanzahl: ____ von 12 Punkten.**

**Tipp:** Wenn du weniger als 10 Punkte hast, arbeite **noch einmal an den Ableitungen.**

# Ableitungen: Das Grundwort finden

Ein Rechtschreibprofi kann **diese schwierigen Wörter** schreiben. Er **leitet sie vom Grundwort ab.**
Findest du das Wort, von dem sich jeweils die anderen Wörter **ableiten**? Schreib sie in die Zeilen:

| Grundwort | Lauter Ableitungen |
|---|---|
| | blättern, umblättern, weiterblättern, die Blätter, blättrig (schneiden) |
| | erkälten, die Erkältung, die Kälte, kälter, die Eiseskälte, am kältesten |
| | stärken, die Stärke, bestärken, stärker, verstärken, am stärksten |
| | kränken, kränklich, die Krankheit, die Erkrankung, die Kränkung |
| | der Läufer, läuferisch, geläufig, beiläufig, läuft, die Läuferin |
| | wählen, wählerisch, auswählen, die Wählerinnen, gewählt (ausdrücken) |
| | nächstes Mal, der Nächste, am nächsten Tag, nächste Woche, demnächst |

*Grundwörter: 3 Adjektive, 2 Nomen, 1 Verb, 1 anderes Wort*

(Lösung Seite 45R)

**So kannst du im Heft weiterarbeiten:** Schreib mit **einigen Wörtern Sätze**. Wähle solche aus, die für dich **schwierig zu merken** sind.

# Ableitungen: Mehrstufe und Meiststufe (Adjektive)

Wenn du diese Formen richtig schreiben willst, musst du **nachdenken** und **das Wörterbuch verwenden** (Beachte dazu auch die **Seiten 41 bis 49** im Teil SPRACHBETRACHTUNG):

| Grundstufe | Mehrstufe | Meiststufe |
|---|---|---|
| kalt | | |
| warm | | |
| hart | | |
| lang | | |
| alt | | |
| stark | | |
| scharf | | |

*Arbeite allein oder mit Partnerkind. Vergewissere dich und schlag im Wörterbuch nach!*

**So kannst du weiterarbeiten:** Schreib einige Sätze, **verwende die Mehrstufe oder die Meiststufe.**

# Ableitungen: Personalformen und Zeitformen (Verben)

Wenn du diese Formen richtig schreiben willst, musst du **nachdenken** und **das Wörterbuch verwenden** (Beachte auch die **Seiten 27 bis 40** im Teil SPRACHBETRACHTUNG):

| Nennform | Gegenwart | | lange Vergangenheit |
|---|---|---|---|
| spielen | ich | du | ich |
| gehen | | | sie |
| essen | | | er |
| fahren | | | |
| laufen | | | |
| schwimmen | | | |

*Jedes Zeitwort hat eine andere Schwierigkeit. Arbeite allein oder mit einem Partnerkind.* (Lösung Seite 45R)

**So kannst du im Heft weiterarbeiten:**

- Arbeite mit einigen anderen Wörtern ebenso: *wachsen, halten, tragen, fernsehen, lesen, . . .*
- **Sammle Wortfamilien** zu einigen dieser Wörter **(laufen, tragen, schwimmen, . . .)**

# Ableitungen: Mehrzahl, Verkleinerungen, Zusammensetzungen (Nomen)

Wenn du Mehrzahlwörter und Verkleinerungsformen richtig schreiben willst, musst du **nachdenken** (Beachte dazu auch die **Seiten 22 und 23** im Teil SPRACHBETRACHTUNG):

| Einzahl | Mehrzahl | Verkleinerung | Zusammensetzungen |
|---|---|---|---|
| der Baum | die Bäume | das | |
| | die Zähne | | der Zahnarzt, |
| die Maus | | | |
| das Haus | | | |
| | | das Händchen | |
| das Rad | | | der Radfahrer, |

*Vervollständige die Tabelle. Arbeite allein oder mit einem Partnerkind.* (Mögliche Lösungen Seite 45R)

**So kannst du im Heft weiterarbeiten:**

- Schreib mit einigen Wörtern Sätze.
- **Sammle Wortfamilien** zu einigen dieser Wörter **(Zahn, Hand, Rad, . . .)**

# Ableitungen: Wortfamilien

**Weitere wichtige Wortfamilien:**

| | |
|---|---|
| sehen | der Fernseher, gesehen, fernsehen, der Sehtest, ferngesehen, sehenswert, |
| lieb | am liebsten, das Lieblingsbuch, lieber, liebhaben, liebevoll, zuliebe, verlieben, |
| arg | ärgern, der Ärger, verärgern, weiterärgern, ärgerlich, geärgert, |
| der Raum: | räumen, wegräumen, zusammenräumen, aufräumen, die Räumung, |

*Kennzeichne den Wortstamm. Wenn dir Wörter einfallen, schreib sie dazu.*

**So kannst du im Heft weiterarbeiten:**

- Schreib mit einigen Wörtern Sätze (vor allem mit solchen, die **für dich schwierig** sind).
- Sammle **Wörter zu anderen Wortfamilien**, z.B.: **zahlen – zählen, fehlen, lesen, . . .**

# Ableitungen: Wortfamilien

Wenn du **Wörter, die zu Wortfamilien gehören**, richtig schreiben willst, musst du **nachdenken:**

| Wortfamilie | Schreib Beispiele dazu, kennzeichne den Wortstamm: |
|---|---|
| fahren<br>(fuhr) | die Fahrbahn, fährt, die Abfahrt, die Autofahrerin, gefährlich, ungefähr, die Gefahr, aufführen, die Autofahrt, |
| spielen | der Spielplatz, wir spielten, das Spielzeug, der Tennisspieler, das Würfelspiel, das Beispiel, |
| gehen<br>(gegangen) | er geht, der Gehsteig, der Gang, mitgehen, hinübergehen, aufgehen, der Eingang, der Sonnenuntergang, |
| essen | gegessen, das Essbesteck, das Mittagessen, die Esspause, |

*Arbeite allein oder mit einem Partnerkind. Besprecht in einer Gruppe die Bedeutung der Wörter.*

**Arbeite im Heft weiter:** Schreib vor allem **mit Wörtern, die für dich schwierig sind**, einige Sätze.

# Viele Wörter kann man ableiten

Im Deutschen kann man zahlreiche Wörter **von anderen Wörtern ableiten.** Wenn du **das Grundwort kennst und nachdenkst, kannst du alle Wörter schreiben**, die von diesem Wort abgeleitet sind.

Solche „Nachdenkwörter" sind

- Wörter aus **Wortfamilien** (alle Wortarten)
- **Mehrzahl, Verkleinerungsformen, Zusammensetzungen** von Nomen (Namenwörtern)
- **Personalformen** und **Zeitformen** von Verben (Zeitwörtern)
- **Steigerungsformen** von Adjektiven (Eigenschaftswörtern)

Auf den folgenden Seiten wirst du zu allen vier Punkten Beispiele finden und zu Übungen angeleitet werden.

INHALT

Bereichen arbeiten wirst. Damit du selbstständig arbeiten kannst und die Möglichkeit hast, deine Arbeiten zu überprüfen, ist unter schwierigeren Übungen und Aufgaben jeweils angegeben, auf welcher Seite du die Lösung findest.

Viel Freude und Erfolg dabei, bis zum Ende der vierten Klasse ein richtiger Rechtschreibprofi zu werden!

Liebes Schulkind!

In deinen bisherigen Volksschuljahren hast du immer wieder am **Grundwortschatz** gearbeitet. Wenn du Texte schreibst, wendest du verschiedene **Rechtschreibstrategien** an. Regelmäßig arbeitest du an deinen **eigenen Rechtschreibwörtern**. Viele **Rechtschreibregeln** kennst du bereits.

In diesem Buch findest du vier wichtige große Kapitel, über die du als Rechtschreibprofi ebenfalls genau Bescheid wissen musst:

- **Viele Wörter kann** man von anderen **ableiten**.
- Im Deutschen ist **die Großschreibung** sehr wichtig.
- Die **Zeichensetzung bei der direkten Rede** muss gut geübt werden.
- Für das **Abteilen von Wörtern** gibt es ganz genaue Regeln.

Deine Lehrerin, dein Lehrer wird mit dir besprechen, auf welche Weise du an diesen

Marlene Walter



# GRUNDWORTSCHATZ
# An der Rechtschreibung arbeiten

## Rechtschreibprofis erweitern ihr Wissen